Perfis

FUNDAÇÃO EDITORA DA UNESP

Presidente do Conselho Curador
Mário Sérgio Vasconcelos

Diretor-Presidente / Publisher
Jézio Hernani Bomfim Gutierre

Superintendente Administrativo e Financeiro
William de Souza Agostinho

Conselho Editorial Acadêmico
Divino José da Silva
Luís Antônio Francisco de Souza
Marcelo dos Santos Pereira
Patricia Porchat Pereira da Silva Knudsen
Paulo Celso Moura
Ricardo D'Elia Matheus
Sandra Aparecida Ferreira
Tatiana Noronha de Souza
Trajano Sardenberg
Valéria dos Santos Guimarães

Editores-Adjuntos
Anderson Nobara
Leandro Rodrigues

HANS ULRICH GUMBRECHT

Perfis

Organização
René Scheu

Introdução e tradução
Nicolau Spadoni

© 2022 Editora Unesp

Direitos de publicação reservados à:
Fundação Editora da Unesp (FEU)
Praça da Sé, 108
01001-900 – São Paulo – SP
Tel.: (0xx11) 3242-7171
Fax: (0xx11) 3242-7172
www.editoraunesp.com.br
www.livrariaunesp.com.br
atendimento.editora@unesp.br

Dados Internacionais de Catalogação na Publicação (CIP) de acordo com ISBD
Elaborado por Vagner Rodolfo da Silva – CRB-8/9410

G974p	Gumbrecht, Hans Ulrich
	Perfis / Hans Ulrich Gumbrecht; organizado por René Scheu; traduzido por Nicolau Spadoni. – São Paulo: Editora Unesp, 2022.
	Inclui bibliografia. ISBN: 978-65-5711-127-7
	1. Filosofia. 2. Crítica literária. 3. Artigos. 4. Século XX. I. Scheu, René. II. Spadoni, Nicolau. III. Título.
2022-2135	CDD 809 CDU 82.09

Editora afiliada:

Asociación de Editoriales Universitarias
de América Latina y el Caribe

Associação Brasileira de
Editoras Universitárias

Sumário

Nota do organizador 7
René Scheu

Em busca de uma nova escrita para as humanidades 11
Nicolau Spadoni

Perfis

Martin Heidegger (1889-1976):
    Expressionismo do ser 19
Claude Lévi-Strauss (1908-2009):
    Conjuração da estrutura 27
Reinhart Koselleck (1923-2006):
    Passado sob suspeita de "hipocrisia" 35
René Girard (1923-2015):
    Profeta da inveja 43
Jean-François Lyotard (1924-1998):
    Processo do diferendo 51

Michel Foucault (1926-1984):
   A fria paixão do indivíduo 59
Niklas Luhmann (1927-1998):
   Teoria e produção de complexidade 67
George Steiner (1929-2020):
   Frágil aristocrata do espírito 75
Jürgen Habermas (1929-):
   Energia intelectual da esfera pública alemã 83
Jacques Derrida (1930-2004):
   Nuvens de contornos reflexivos 91
Richard Rorty (1931-2007) e
   Hans-Georg Gadamer (1900-2002): Perda
   do ponto de fuga como origem da amizade 99
Karl Heinz Bohrer (1932-2021):
   O último esteta 107
Friedrich Kittler (1943-2011):
   O gênio das previsões refutadas 115
Peter Sloterdijk (1947-): A escrita como
   acontecimento de pensamento 123
Judith Butler (1956-): Engajamento como
   performance do conceito 131

Créditos das imagens 139

Nota do organizador

Este livro surgiu no início do outono de 2018 durante um passeio de carro pela Suíça em meu Volvo XC90 T5, ano 2009. Hans Ulrich ("Sepp") Gumbrecht e eu dirigíamos juntos para uma reunião de empresários nas montanhas de Berna. Sepp, que havia acabado de se tornar Professor Emérito Albert Guérard de Literatura em Stanford após 29 anos de ensino, estava de ótimo humor. Eu ainda carregava marcas do estresse semanal do meio jornalístico. Sepp, como sempre em tais ocasiões, apresentou sua pauta de assuntos para a conversa. Queríamos usar as duas horas e meia de viagem para pensar em novos projetos. Na viagem às montanhas, planejamos este livro – e depois o pusemos no papel.

De 2016 a 2021, fui chefe da seção de *feuilleton* da *Neue Zürcher Zeitung*,[1] a principal mídia jornalística para o discurso intelectual em língua alemã na Europa. O jornal foi fundado em 1780 e

---

[1] Por *feuilleton* designa-se a parte não política do jornal diário, incluindo, entre outras coisas, assuntos literários e crítica de arte. (N. E.)

tem como nome o local de seu aparecimento: Zurique, a cidade que é o centro econômico e intelectual da Suíça (e que também abriga uma grande comunidade brasileira). Sepp e eu já éramos amigos antes de 2016, quando ele começou a escrever com regularidade – sempre uma vez por mês, às vezes semanalmente – para a *Neue Zürcher Zeitung*. Após elaborar alguns projetos jornalísticos, Sepp havia provavelmente se tornado meu autor convidado mais valioso – todas as vezes que um de seus ensaios era publicado, era depois debatido por metade da comunidade intelectual (em alguns casos, por ela toda), inclusive na Alemanha.

Em nossa intensa conversa no carro, logo chegamos a um formato para o exercício de escrita: desenvolvemos a ideia de que Sepp escreveria sobre protagonistas intelectuais que ele havia conhecido pessoalmente e que considerava significativos. Ao fazer isso, ele deveria não apenas prestar homenagem aos pensamentos, feitos, obras e impacto de tais intelectuais, mas, ao mesmo tempo, colocar sua própria presença em palavras, inscrevê-la em textos. Sepp, ele mesmo um dos importantes protagonistas do pensamento ocidental das últimas três décadas, deveria escrever sobre encontros com protagonistas de importantes modas e tendências intelectuais do último meio século. Por um lado, para dar vida ao seu pensamento para um público amplo e interessado – e, por outro, para retratar uma era de pensadores que já tinha chegado ao fim.

Assim, os textos reunidos aqui apareceram na *Neue Zürcher Zeitung* entre o outono de 2018 e a primavera de 2021. Desde o início, eles já haviam sido planejados para compor um pequeno livro, que agora está sendo publicado no Brasil. Somente no formato livro é que os textos encontram sua verdadeira configuração. E é só neste tipo de livro que se revela toda a habilidade de

Sepp como um dos últimos eruditos de sua espécie. Em seus textos, sua maneira peculiar de pensar e de escrever – um estilo intelectual – encontra um fundo universal de cultura que parece não conhecer limites em amplitude e profundidade. O valor agregado de conhecimento que resulta será com certeza apreciado não apenas pelos leitores de língua alemã.

Representa uma dupla satisfação para mim ver os *Perfis*, planejados como parte de um livro, serem agora de fato publicados como tal no Brasil. Em primeiro lugar, eles cumprem seu propósito. E, em segundo lugar, eu mesmo estou ligado com fervor ao Brasil – minha esposa vem de Belo Horizonte e meus dois filhos são meio brasileiros, ambos com passaportes suíços e brasileiro. O autor e o organizador gostariam de dedicar a todos eles este maravilhoso livro – ele é testemunha de um tempo que me marcou profundamente.

René Scheu

Em busca de uma nova escrita para as humanidades

Perfis apresenta uma coletânea de quinze artigos que Hans Ulrich Gumbrecht produziu entre 2018 e 2021, em sua maioria sob a encomenda de René Scheu para a *Neue Zürcher Zeitung*, jornal de grande circulação e proeminente de Zurique (a única exceção é o obituário de Karl Heinz Bohrer, artigo tardio que saiu no *Die Welt* alemão). Escritor prolífico, com mais de dois mil artigos publicados, Gumbrecht escreve semanalmente tais textos de *feuilleton*, o que, por um lado, lhe proporciona honorários que ele converte em ingressos para caros eventos esportivos na região em que vive (além do time de futebol americano de Stanford, ele também pode ser visto em jogos de beisebol do San Francisco Giants, de basquete do Golden State Warriors, ou de hóquei no gelo do San José Sharks), ou em deliciosas escapadas de fim de semana com Ricky Gumbrecht, sua esposa, para vinícolas do Napa Valley; mas, por outro lado, também permite que ele dê vazão ao assombroso volume de *insights* que sua mente está constantemente gerando. Tais textos "jornalísticos", que devem caber em uma página de jornal, revisitam teorias e autores de maneira mais livre, criativa e contemporânea do que seria possível dentro dos formatos de publicação previstos para a academia. Além disso, é raro que Gumbrecht escreva tais artigos sem um rumo definido; ele prefere elaborar séries que circunscrevam um determinado assunto a partir de várias entradas. *Perfis*, nesse sentido, condensa um conjunto de temas muito caros à ampla produção mais recente do autor, e são esses que eu gostaria de delinear.

Em um jantar em Palo Alto no fim de 2019, Gumbrecht e sua esposa me contaram um episódio que me marcou, talvez mais até que a eles próprios, como tendo sido, se não um passo potencialmente importante, ao menos um momento ilustrativo do estilo de prosa intelectual que Gumbrecht vem desenvolvendo. Em seu primeiro ano morando juntos, ainda na Alemanha, o casal se encontrou diante da necessidade de ter que fazer uma longa viagem de carro para uma visita familiar e, aproveitando o tempo livre, Gumbrecht teria, após um pedido de Ricky, embarcado em uma pequena explicação de uns bons quarenta minutos sobre pontos fundamentais de *Ser e tempo* de Martin Heidegger. Ricky, ao fim, teria respondido: "E se você escrevesse seus textos justamente assim?". Esse acabou por se tornar, com razão, um gesto intelectual da prosa gumbrechtiana: o tratamento das mais urgentes ou mais complexas questões contemporâneas em uma linguagem íntima, próxima, pessoal, de modo até que, por vezes, pareça fazer do problema algo mais individual e singelo do que ele de fato seja. Penso, por exemplo, em seu recentemente publicado *Crowds*, que, na superfície, foi visto aqui e acolá como um mero livro sobre torcidas de futebol, o que perde de vista, para além disso, que ao refletir sobre o fato de que "viveu os melhores momentos de sua vida em torcidas de estádio", Gumbrecht está tentando consumar uma revolução no modo como o intelectual concebe e se conecta com as massas.

Estes *Perfis* também nascem com tal gesto. Pois as histórias narradas, à primeira vista, chamam nossa atenção pela sua íntima pessoalidade. Por exemplo, quando Gumbrecht conta um comentário com contornos misóginos feito por Foucault à mesa de jantar, relata que os alunos de doutorado em Stanford deram envelopes com cocaína a Derrida, ou que Lyotard, durante o mês que passou em Siegen convidado por Gumbrecht, era visitado um fim de semana pela esposa e outro pela amante. Mas não se trata, é claro, de inserções gratuitas, sensacionalistas. Gumbrecht vem há tempos se consolidando como expoente do biografismo intelectual e *Perfis* mostra, justamente, que ele atingiu certo ponto de equilíbrio entre apresentar teses e, ao mesmo tempo, talvez de modo ainda mais importante, "tornar presente" uma pessoa real (Gumbrecht aqui só escreve sobre autores que conheceu pessoalmente) e seu *temperamento* intelectual. Um texto exemplar nesse sentido é o duplo perfil de Rorty e Gadamer, em que Gumbrecht se pergunta como podem ter surgido teses tão convergentes de origens e temperamentos intelectuais tão distintos.

Essa peculiaridade formal do estilo gumbrechtiano, contudo, também acompanha uma série de questões que vêm sendo postas de forma insistente pelo autor nos últimos anos. Há um nítido balanço do pensamento pós-guerra, o qual, reforçando mais uma vez os contornos biográficos de sua obra, coincide exatamente com o período de sua vida. Gumbrecht passa pelas modas intelectuais que se sucederam (marxismo/estruturalismo, desconstrução, pós-historicismo), coloca em evidência situações moralmente ambíguas (por exemplo, de alguns alemães, e não apenas de Heidegger, em relação ao nazismo), e aponta para a atualidade de algumas reflexões inesperadas, como a teoria da inveja de René Girard. Porém, acima de tudo, está em jogo a questão que, a meu ver, é central para o livro e perpassa todos os artigos, a saber: qual pode ser o futuro – se é que há um – das humanidades.

Gumbrecht parte de um diagnóstico bastante preciso. Fica evidente, para ele, que o projeto de ter a universidade como local privilegiado para as humanidades fracassou, tanto pelas limitações intrínsecas do paradigma analítico (que tomou conta dos departamentos norte-americanos, ingleses e alemães em especial) enquanto potencial de pensamento, o qual tem, como diretriz, o projeto de substituir toda especulação filosófica por problemas técnicos de lógica e linguagem acessíveis apenas a especialistas, quanto também pela avassaladora onda do identitarismo politicamente correto, o qual se tornou norma e pré-condição de quase toda empreitada acadêmica. Como fica tematizado em alguns textos, sobretudo nos perfis de Derrida e de Rorty/Gadamer, Gumbrecht parece conectar tais movimentos, ulteriormente, ao paradigma construtivista que, em suas próprias palavras, não poderia fazer menos sentido em nosso presente sedento por objetividade.

Eu diria, nessa direção, que ele se vincula a uma tradição alemã (e a atualiza) de reportar às ruínas de um pensamento passado. Tal movimento é iniciado por Kant ao afirmar, na última parte da "Doutrina transcendental do metódo", na *Crítica da razão pura*, que a história do pensamento metafísico anterior a ele, a qual teria se erguido sobre bases insólitas, agora se encontraria em ruínas e que um novo caminho estaria sendo aberto por sua filosofia crítica. No século XX, surgiu um atualizado diagnóstico da parte de Heidegger, que em *O fim da filosofia e a tarefa do pensamento* delineou a filosofia como a história de um desvio que teria se dado na Grécia antiga, quando a questão do *ser*, posta pelos filósofos pré-socráticos, teria se transformado na questão do *ser do ente* em Platão, de modo que Heidegger, por fim, acabou por clamar – sem resposta ou direcionamento – por uma nova forma de pensar que pressuporia a filosofia, mas que não seria mais filosófica.

Pois a investigação gumbrechtiana realizada neste livro consiste justamente num passeio por essas ruínas – pense em uma visita ao Partenon ou ao Foro Romano – do pensamento do século XX de forma a se perguntar como e o que aproveitar dessa experiência que, em seus contornos gerais, teria se esgotado. Suas apostas, a meu ver, se dão por duas vias entre si convergentes. Por um lado, há a observação de que o elemento mais forte das humanidades estaria migrando para fora da universidade em direção a novos espaços institucionais, inclusive digitais e tecnológicos – o que implica também a busca por um novo tipo de escrita, para não dizer até mesmo que Gumbrecht deixa entrever a possibilidade de emergirem novas mídias para as humanidades. Por outro lado, tal projeto parece apontar para a tentativa de se encontrar um *temperamento* intelectual que possa estar na base de uma remontada pública da figura do intelectual e das humanidades. Gumbrecht se entusiasma, afinal, muito mais com a atuação intelectualmente séria e ao mesmo tempo pública e midiática de alguém como Peter Sloterdijk – ou em procurar um novo tipo de intelectual surgindo do Vale do Silício ou, como ele sugere em seu mais recente livro, *Provinz*, da "brutal elegância" da cidade de São

Hans Ulrich Gumbrecht

Paulo (entusiasmo que ele compartilhava com Lévi-Strauss), do que dos programas de doutorado em Yale, na Sorbonne ou na Humboldt/Berlin.

Nicolau Spadoni
Ithaca, fevereiro de 2022

Perfis

Martin Heidegger (1889-1976): Expressionismo do ser

Nenhum outro pensador do século passado irritou, de modo tão permanente e estimulante, um número tão grande dos mais diversos intelectuais como fez Martin Heidegger. Mesmo meio século após sua morte, esta oposição apaixonada ainda percorre todos os níveis do trabalho de Heidegger, bem como os comentários históricos sobre a sua vida.

Os críticos, por exemplo, consideram a sempre aludida proximidade para com a natureza (é da "selvagem tempestade de neve" de sua cabana da Floresta Negra que parte "o ponto alto da Filosofia") um insuportável kitsch existencial, enquanto ecologistas engajados celebram a antecipação de seus próprios princípios mais elevados sob o conceito de um "habitar", entendido como uma harmonia com a paisagem, que deve anteceder o "construir", e depois também se apropriam sumariamente das complicadas reflexões de Heidegger sobre a "técnica" como mera hostilidade a esta. Tendo percorrido toda a sua vida, a reflexão relativa ao "cuidado" – colocado de maneira implícita enquanto uma dimensão da vida que ganha corpo nas mulheres – como um

substituto para a (supostamente masculina) "ação", lhe rendeu certa proeminência entre filósofas feministas, sobretudo por contrariar o polêmico argumento de que pensar sem o horizonte de uma ação equivaleria a renunciar a qualquer reivindicação política. Por fim, em um patamar mais geral, a tentativa heideggeriana de suspender a tradição da filosofia europeia desde Platão sob a suspeita de um esquecimento da real questão do "autodesocultamento do ser" e de reformulá-la como a história de uma decadência tornou-se, para gerações de leitores, tanto um caminho de sucessão intelectual quanto um motivo para rejeição radical.

Todos estes temas foram polemicamente mantidos vivos por uma linguagem moldada pelo estilo expressionista dos anos 1920. Como Heidegger jamais hesitou em inventar novos termos para situações cuja relevância filosófica acreditava apenas pressentir, ele se fiou menos em definições claras do que na prontidão dos leitores a seguir suas insinuações e jogos de palavras. Por exemplo, ninguém sabia com precisão – e ainda não se sabe – o que Heidegger queria dizer com a formulação do "autodesocultamento do ser", de modo que colegas filósofos, como Theodor W. Adorno, começaram a suspeitar que ele estava cultivando um "jargão da autenticidade" permeado por noções fascistas. Os devotos de Heidegger, pelo contrário, compreenderam este murmurar de suas sentenças como indicativo de um chamado profético – e, por vezes, chegaram mesmo a dar prosseguimento ao seu pensamento com passos significativos em outras direções.

As ambivalências estão dadas de antemão pelo trabalho de Heidegger. A uma fase inicial, em que a familiaridade com o próprio mundo deveria tomar o lugar de uma referência objetiva cientificamente fundada, se seguiu, após uma drástica "virada", a esperança dos anos tardios de vivenciar "acontecimentos" de absoluta revelação da verdade. Acima de tudo, no entanto, a filiação de Heidegger ao partido de Adolf Hitler entre maio de 1933 e maio de 1945 retirou a credibilidade de seu pensamento como um todo para muitos leitores de filosofia – a tal ponto que, até os dias de hoje, seus apoiadores irredutíveis ainda tentam minimizar os problemas daí resultantes. Contra todas essas disputas, Jacques Derrida fez, há mais de trinta anos, a perturbadora observação de que o nazismo de Heidegger era indiscutível, e que por isso mesmo essa questão deveria levar a uma outra, completamente diferente, que é se Heidegger "poderia ter se tornado o maior filósofo de seu tempo sem essa afinidade". Nisto reside, ainda hoje, a provocação máxima no sentido de manter a contraposição estrita entre a rejeição ideológico-política e a potencial apreciação intelectual.

De fato, um olhar histórico revela um peculiar sincronismo entre o movimento de pensamento heideggeriano e o movimento ideológico do nazismo, o que, é verdade, não anula em absoluto o valor de sua filosofia, mas talvez explique por que, nesse caso, a inspiração é dificilmente obtida sem irritação. A identidade intelectual de Heidegger surgiu a partir de duas marcantes rupturas com o estado de coisas da filosofia acadêmica pós-1900, a qual tinha o seu mentor de Friburgo, Edmund Husserl, como figura maior. Ambos os passos estão inscritos em *Ser e tempo*, de 1927, o mais famoso dos poucos textos que Heidegger publicou em formato de livro. Os debates entre seus colegas haviam levado à certeza de que a realidade material das coisas enquanto "objetos" não era mais tangível à consciência enquanto "sujeito" puro e intelectual do conhecimento. Neste contexto, ele primeiramente trocou o conceito de consciência pelo de "ser-aí", uma concepção do ser humano que deveria incluir seu corpo e aproximá-lo mais uma vez das coisas. Em segundo lugar, isto significou que, no lugar da crescente distância entre "sujeito" e "objeto" – que Heidegger chamava de uma relação de "subsistência" –, foi posta uma relação de familiaridade entre o ser humano corporal e as coisas que o cercam, para a qual ele propôs o termo da "manuseabilidade". No entanto, como o ser-aí corporal se tornou ele mesmo parte do mundo das coisas, isso resulta não apenas em uma relação de familiaridade, mas também em uma perda de independência das pessoas diante do mundo. Nas páginas finais de *Ser e tempo*, Heidegger descreve esta consequência como o "chamado" da vida individual, o qual consistiria "no acontecer da comunidade do povo". Aqui estava sua proximidade com um primeiro fascismo alemão e a confiança no "Sangue e Solo" como o fundamento da comunidade, uma proximidade que também explica seu entusiasmo pela "tomada de poder" de Hitler como um "chamado do povo" e sua prontidão em contribuir para a "renovação nacional do saber" na condição de reitor da Universidade de Friburgo.

Já nas palestras de Heidegger do início dos anos 1930, contudo, torna-se clara a busca por uma concepção mais dura de verdade que deveria substituir a "manuseabilidade" como mera familiaridade de mundo. Essa produtiva incerteza filosófica foi agravada, em primeiro lugar, pelo "fracasso do reitorado" diante das autoridades nazistas, que nunca levaram realmente a sério as ideias extravagantes que Heidegger tinha para a universidade. Então, em julho de 1934, a "Noite das Facas Longas" de Hitler resultou na supressão da mentalidade do "Sangue e Solo" representada, sobretudo, pela SA, na qual Heidegger havia confiado. Na palestra "Introdução à metafísica", que se seguiu àquele verão, ele de todo modo ousou observar que o movimento nacional estava "em perigo de se desviar de seu caminho" e, ao mesmo tempo, começou a desenvolver o pensamento de um "autodesocultamento do ser" como um "acontecimento da verdade", o que se diferenciava radicalmente da "manuseabilidade" enquanto familiaridade com o mundo. Agora se tratava de um mostrar-se das coisas para o qual as pessoas ainda poderiam dar o espaço necessário apenas por meio de sua "serenidade", e, nesse sentido, tratava-se de uma representação vertical-hierárquica de verdade absoluta que lembrava as reivindicações das elites da SS, as quais estavam se voltando de modo político-ideológico para o centro.

Aquele que, apesar de tudo, estiver disposto a se envolver com o pensamento de Heidegger verá como a intuição do "autodesocultamento do ser" abriu uma alternativa ao padrão filosoficamente esgotado do "sujeito" e do "objeto". Quanto mais se conhece a origem do pensamento, mais evidente se torna sua afinidade com a ideologia nazista. Foi precisamente tal tensão entre a importância filosófica e a contaminação ideológica que, após 1945, se vinculou ao status de Heidegger na Universidade de Friburgo. Como um ex-nazista, ele não pôde voltar a ter uma cadeira, mas suas sessões como conferencista eram famosas e, portanto, superlotadas.

Justo em 1968, o emblemático ano da revolução estudantil, minha namorada em Friburgo me convidou para a festa de verão do departamento de Filosofia. A namorada era muito importante para que eu recusasse, mas, como orgulhoso membro da Liga Socialista Estudantil, negociei a condição de não ter que apertar a mão de Heidegger, que eu imaginava como uma figura de terror em formato histórico-mundial. O próprio, aos 79 anos de idade, deu uma volta amigável por entre os estudantes na cerimônia, cumprimentando-os com um aperto de mão um pouco trêmulo – incluindo a mim. Não me ocorreu qualquer sentimento de indignação, apenas uma sensação de banalidade pessoal que retornou há alguns anos, quando vi cópias manuscritas de punho próprio de um poema rimado que Heidegger havia entregado a quem lhe felicitou em seu octogésimo aniversário.

Já em 1968 eu me fazia a pergunta – que na época se respondia de forma estritamente negativa – se ler os escritos de Heidegger seria indispensável para uma vida intelectual completa. Hoje em dia, a resposta, de todo distinta, é a de que, após um longo período de entusiasmo intelectual, em minha geração, pelo pensamento da realidade como uma "construção social", portanto após o ponto alto do "construtivismo", que mostra convergências com a "manuseabilidade" do primeiro Heidegger, surgiu uma nova necessidade de conceitos consistentes de verdade; e que os escritos do segundo Heidegger – o Heidegger depois da "virada" – são confluentes com esta necessidade.

É claro que não pode ser uma questão de apenas adotar conceitos como "autodesocultamento do ser", porque – como foi dito – não há nenhum consenso sobre o que exatamente Heidegger queria dizer com eles, e mesmo interpretações extensivas também não levam a um esclarecimento final. Antes, o que se provava digno de inspiração era uma disposição que provavelmente já estava na base do entusiasmo dos colegas de Friburgo com Heidegger em 1969 – e tem a ver com sua exaltada linguagem. Ele era admirado por sua capacidade de descobrir excêntricas possibilidades de pensamento na leitura dos clássicos, e ainda mais por sua tentativa de articulá-las em palavras que de forma alguma satisfaziam as leis de uma lógica elementar ou os critérios para definições transparentes. O desvio heideggeriano das tradições, que muitas vezes aponta em novas direções de reflexão, pode assim agir para nós — talvez totalmente contra sua intenção — como um primeiro impulso para o pensamento independente. Isto também se aplica, de modo paradoxal e cada vez mais, à sempre criticada falta de concisão conceitual, desde que seja compreendida como uma oportunidade de transformá-la em abertura intelectual e pensamento autônomo. Os textos de Heidegger são, para estes fins e para aqueles leitores que consigam ao menos relevar as irritações de sua biografia, ainda bons.

Claude Lévi-Strauss (1908-2009): Conjuração da estrutura

No início de 1967, quando tive a sorte de ser aluno convidado do Lycée Henri IV, em Paris, por algumas semanas, nenhum nome tinha tanta presença entre os intelectuais como o de Claude Lévi-Strauss. Ele representava o "estruturalismo", que havia movimentado, justamente na condição de palavra de ordem e paradigma das Ciências Sociais e Humanas, várias décadas de calorosos debates teóricos e desafiado todas as variantes do até então dominante marxismo.

Cinquenta anos depois, o poder inspirador e provocador do estruturalismo evaporou-se e tornou-se uma mera lembrança de uma fase distante da história das humanidades. No entanto, é precisamente essa distância que possibilita descobrir um Claude Lévi-Strauss muito diferente, um Lévi-Strauss de abertura intelectual e improvisação que pode encorajar a nos rebelarmos contra o atual clima de debates moralmente enrijecidos. Esses dois auspícios do pensamento faziam parte do estilo da burguesia francesa da qual veio Lévi-Strauss. Nascido em Bruxelas em 1908, onde seu pai trabalhou por um tempo

como pintor de retratos, ele cresceu em Paris e passou os anos da Primeira Guerra Mundial com seu avô, o rabino da sinagoga de Versalhes, sem jamais ter se sentido comprometido com uma existência religiosa.

Com algum interesse, Lévi-Strauss estudou Filosofia e Direito para, como até hoje ainda é típico na vida intelectual francesa, ensinar por vários anos em diferentes liceus. Mais do que doutrinas do passado, eram as cenas do cotidiano na cidade grande que disparavam sua imaginação: "Os ônibus, naquela época, tinham uma plataforma aberta, e eu me sentava virado para fora de modo que pudesse vivenciar como um lado da rua se refletia nas vitrines das lojas do outro lado, e como, de uma só vez, tudo ficava para trás. Esta magia urbana me enriquecia".

Em 1932, Lévi-Strauss casou-se com a etnóloga Dina Dreyfus e a seguiu "de última hora", em 1935, à recém-fundada Universidade de São Paulo, cujo desenvolvimento foi apoiado pelo Estado francês como parte de uma "missão cultural". Ele acompanhou sua esposa em viagens para explorar culturas arcaicas no interior do Brasil e ia participando cada vez mais de seu trabalho sem jamais ter recebido treinamento etnológico formal. Os dois voltaram para casa em 1939 e, apenas um ano depois, se separaram para sempre quando, após a rendição francesa à Alemanha, Dina decidiu entrar para a resistência clandestina, enquanto Claude, como judeu, acatou sua expulsão pelo governo controlado pelos nazistas e, com certas idas e vindas, acabou por emigrar para Nova York.

Lá, o acadêmico até então bastante desconhecido desenvolveu ainda mais suas novas inclinações intelectuais na Universidade de Columbia, no círculo do grande etnólogo Franz Boas, quem, segundo testemunhas oculares, "morreu nos braços de

Lévi-Strauss em 1942". Acima de tudo, o homem já não mais tão jovem fez amizade, em Nova York, com Roman Jakobson, um emigrante russo então proeminente como linguista. Jakobson o apresentou ao estruturalismo como uma forma de pensar – mas também "aos melhores restaurantes chineses, gregos e armênios". Após o fim da guerra, Claude Lévi-Strauss trabalhou por dois anos como adido cultural na embaixada da França em Washington até voltar para Paris em 1948.

Foi só aos quarenta anos de idade que sua carreira acadêmica singularmente brilhante – e peculiarmente curta – começou, com um livro sobre *As estruturas elementares do parentesco*, no qual dois impulsos externos convergiam, a saber: a pesquisa etnológica de sua ex-esposa e os sistemas de pensamento linguístico-científicos de seu amigo Jakobson. A investida de Lévi-Strauss era inovadora por combinar, ao mesmo tempo, seriedade matemática e alegria de experimentação, uma tentativa de traçar uma variedade quase infinita de normas aparentemente contraditórias e tabus de parentesco de diferentes culturas de volta a uma matriz pré-consciente de regras que preconizavam a gramática de uma língua natural. A este respeito, ele compartilhava de uma premissa operacional decisiva com o psicanalista Jacques Lacan, para quem "o inconsciente teria a forma de uma linguagem". O delineamento de tais lógicas levou, assim, a teses sobre suas funções, como, no caso das relações de parentesco, a suposição de que elas permitiam um intercâmbio entre diferentes grupos sociais e, por conseguinte, sua coexistência por meio de relações pacíficas.

Ambos os passos, a indução de compactos sistemas de regras e a derivação de funções sociais, constituíram o "estruturalismo" como um método que não era mais apenas linguístico, e sim interdisciplinar, método que, em uma coleção de ensaios publicada em 1958 sob o título *Antropologia estrutural*, Lévi-Strauss delimitou de forma vinculativa como sendo o novo centro da vida intelectual. Quatro anos depois, *O pensamento selvagem* seguiu já como a última monografia acadêmica, cujo título jogava com a dupla acepção da palavra *"pensée"*, que em francês pode significar tanto "pensamento" quanto a flor chamada de "amor-perfeito". Aqui, Lévi-Strauss desafiou a crença, que para a época ainda era óbvia, na superioridade do "racional" ocidental sobre formas de pensamento supostamente "primitivas". Narrativas míticas, ele enfatizou em referência ao duplo significado de *"pensée"*, abolem a divergência entre concisão conceitual e intuição sensível ou, de maneira mais precisa: elas, em primeiro lugar, sequer fazem essa distinção.

Em toda sua admiração, os resultados da vida acadêmica de Claude Lévi-Strauss pertencem a um repertório de Ciências Sociais e Humanas que há muito tempo tem sido escanteado. O livro *Tristes trópicos*, publicado em 1955, tem um efeito incomparavelmente mais intenso sobre os leitores de hoje. É uma narrativa autobiográfica que condensa, com serena elegância, suas experiências no Brasil e nos Estados Unidos entre 1935 e 1945. Partindo da questão, a que ele não dedica senão poucas páginas, de por que os materiais e análises etnológicos começaram a desencadear um fascínio após 1950, algo que era inimaginável no início do século XX, Lévi-Strauss deu rédea solta à sua paixão pela descrição "improvisacional". Em especial o Brasil foi tornado presente por meio de imagens incisivas que juntavam a atmosfera da moderna e grande cidade de São Paulo com a impressão de uma excentricidade das formas de vida pré-coloniais, e de algum modo mostravam que a temporalidade da modernização europeia na América do Sul havia caído em um outro ritmo: "Fiquei impressionado ao ver que muitos bairros de cidades brasileiras exibiam, sem vergonha, tantas marcas de decadência, quando o único ornamento de que poderiam estar se gabando, tanto eles como o povo, era o de uma juventude que fugia rapidamente. Sucata, bondes tão vermelhos quanto os carros de bombeiros, bares em acaju com balcão de latão polido, pilhas de tijolos em becos solitários onde somente o vento varre a poeira".

Ausente de *Tristes trópicos*, com a exceção de uma única passagem ocasional, está Dina Lévi-Strauss, sem a qual o autor jamais teria entrado em contato com ambas as dimensões desse modernismo norte-americano. O fato filológico aponta para um egocentrismo frio da perspectiva, que por outro lado liberou forças intelectuais específicas. Pois, na refração subjetiva, o fluxo da vivência de Lévi-Strauss se concretizou sempre novamente em acontecimentos de descoberta e percepção. Em vez de interpretar o mundo, ele atuava como um catalisador por intermédio do qual o mundo tomava forma, somente para, então, manter-se a si mesmo sem forma ou identidade, como indicado em uma entrevista de 1982: "Tenho a sensação precisa de que os livros que escrevo, as palestras que faço, são acontecimentos que passam por mim e depois evoluem para outra coisa. Sou a mera passagem de uma série de coisas que se desenvolvem dentro de mim, mas que depois passam por cima de mim como um vazio. Eu não tenho absolutamente nenhum senso de identidade pessoal".

Em 2006, três anos antes de sua morte, um funcionário encarregado dos convidados do Collège de France quis saber se eu tinha algum pedido para minha estada em Paris, e eu ousei pedir uma conversa com o Professor Emérito Lévi-Strauss. Contra todas as expectativas, ele concordou em uma reunião alguns dias depois, ao meio-dia, e assim encontrei o estruturalismo na fragilidade alerta de um homem de quase 100 anos de idade. Eu esperava ouvir sobre seu tempo em São Paulo, e Lévi-Strauss reagiu às minhas primeiras palavras como se estivesse falando com um brasileiro. Respeitosamente, eu contra-argumentei. Ele mudou para um português fluente com ligeiro sotaque – e o que me restava fazer senão passar meia hora respondendo às suas perguntas sobre a gigantesca cidade do presente?

Talvez este tenha sido um momento da notável constelação intelectual que Claude Lévi-Strauss era capaz de desencadear, a saber, aquela permeabilidade para imagens intensas que aconteceu entre nós. Uma São Paulo de 2006 surgiu como um caso concreto da "diversidade da cultura humana", diversidade com a qual ele se preocupou ao longo de sua vida. Não no sentido de uma "identidade" estática que qualquer um poderia possuir, dominar e reivindicar como título de superioridade – algo que, há quinze anos, já estava se tornando uma prática acadêmica –, mas como um "acontecimento" de que nós fomos "passagem". Talvez, no futuro, as humanidades devam se preocupar mais com tais eventos de presentificação cuja concretude e diversidade quebrem com as identidades fixadas. Porém, nenhum projeto ou método leva a isso. Seria preciso confiar no estilo de abertura atenta e de improvisação com que Lévi-Strauss viveu sua São Paulo a partir de 1935, bem como, mais tarde, Nova York.

Reinhart Koselleck (1923-2006): Passado sob suspeita de "hipocrisia"

Na tese de doutorado de Reinhart Koselleck, escrita em Heidelberg por um veterano de guerra de 30 anos de idade que havia sido prisioneiro na União Soviética, deparamo-nos com passagens que podem ser criticamente relacionadas, palavra por palavra, aos contornos morais do atual politicamente correto, o qual é invocado em nome do esclarecimento. Nesse estudo, publicado pela primeira vez em 1959 sob o título *Crítica e crise: uma contribuição à patogênese do mundo burguês*, o jovem historiador cunhou o termo "hipocrisia do Iluminismo", que se tornaria o polêmico fio condutor de seu pensamento. A burguesia do século XVIII, afirmava, tinha colocado os políticos sob julgamento moral em nome de uma utopia de igualdade absoluta com o objetivo de tornar felizes todos os homens. E esse processo tinha, ao fim e ao cabo, servido apenas a seus próprios interesses de classe, embora tivesse surgido de discussões privadas aparentemente "desprovidas de interesses". A reivindicação por igualdade teria funcionado como uma ilusão e um engano.

Hoje somos confrontados com propostas de redistribuição econômica e padrões de controle intelectual como o caminho para igualar todas as reivindicações de "identidade" que, em um sentido muito semelhante, também poderiam ser chamadas de "hipocrisia do Iluminismo" e às quais, especialmente na Europa, quase ninguém oferece resistência pública com impunidade. Além disso, Koselleck havia mostrado, há quase setenta anos, como a crítica moral e o diagnóstico de crises políticas são tornados permanentes e jogam para escanteio qualquer posição dissidente tão logo ela surja em nome de imaginações abstrato-utópicas. Com este argumento, a resistência moral crítica se tornou um potencial nos debates de historiadores, potencial, porém, de que os colegas de Koselleck raramente fizeram uso.

Assim, embora se possa dizer que Koselleck tenha de fato antecipado a história de uma doença ("patogênese") de nosso já não tão mais novo século XXI, sua dissertação sequer encontrou aprovação incondicional em seu próprio tempo. Em vez de continuar seu trabalho de pesquisa na posição de professor adjunto, como era costumeiro, Koselleck, cujo talento era indiscutível, precisou lecionar Alemão por dois anos na Universidade de Bristol antes de iniciar seu projeto de habilitação no tema cautelosamente convencional da *Prússia entre reforma e revolução*. E, em uma época de rápidas carreiras acadêmicas, ele só foi nomeado professor de Ciências Políticas – não de História – em 1966, na Universidade do Ruhr em Bochum.

Diante do pano de fundo do bem-intencionado e democrático espírito de otimismo na jovem Alemanha Ocidental, o ceticismo de Koselleck em relação a uma estrutura básica do discurso iluminista teve como efeito que se desconfiasse dele como um inimigo do progresso. As respectivas acusações aumentaram para uma suspeita de simpatia pelas ideologias totalitárias de direita devido à dupla referência que *Crítica e crise* faz ao trabalho do jurista Carl Schmitt, um extraordinário pensador que – como Martin Heidegger – havia apoiado o nazismo e não fora autorizado a voltar ao ensino universitário depois de 1945. Koselleck devia a Schmitt sobretudo a tese de que as utopias morais tinham surgido como contramovimento à frustração da burguesia esclarecida de ter sido excluída da política puramente aristocrática do Estado absolutista, e, ao lado disso, também a questão – com certeza não apenas retórica – de saber se "valores" morais duradouros poderiam ser mediados em um mundo historicizado, como fora propagado pela filosofia da história burguesa.

Koselleck, entretanto, havia se distanciado de maneira explícita de Schmitt no que se refere à sua rejeição (jamais revista) das formas básicas de política democrática. Apesar disso, Jürgen Habermas, seis anos mais novo, que em sua tese de habilitação sobre a *Mudança estrutural da esfera pública* havia enfatizado a emergência de normas éticas burguesas a partir da esfera da privacidade precisamente como o fundamento de sua legitimidade política, atribuiu, em uma recensão de *Crítica e crise*, sua divergência de Koselleck à suposta dependência deste último em relação a Schmitt. Com todo o seu reconhecimento intelectual, Habermas transformara, assim, o ceticismo de Koselleck sobre a constelação fundadora da democracia parlamentar naquele clima do início dos anos 1960 em uma suspeita de fascismo que permaneceu efetiva por um longo tempo.

Apesar de todos os reveses e sem se livrar do estigma de se posicionar "à direita" em questões políticas, Koselleck, que desde os anos 1970 havia se alavancado como uma autoridade da "teoria da história" (ainda não da disciplina "História" propriamente dita) na recém-fundada Universidade de Bielefeld, lidou com tais imputações de uma forma surpreendentemente tranquila – e honesta. Ele nunca tentou transformar a destituição de seu pai (um professor de Pedagogia) pelos nazistas em um pedido de desculpas por sua própria filiação à Juventude Hitleriana ou por ter se alistado voluntariamente para a Guerra Mundial. Ele chegou até mesmo a ser usado em prol da calúnia política com a arriscada tese de que Hitler não queria uma guerra mundial até setembro de 1939.

Ao mesmo tempo, Koselleck foi provavelmente o único historiador alemão de sua geração que escreveu sobre o período de 1933 a 1945 a partir da perspectiva de suas vítimas – e com um impulso para torná-las presentes. Em um estudo sobre *Terror e sonho* entre aqueles perseguidos do Terceiro Reich, ele contrastou registros de sonhos angustiantes de judeus alemães do início dos anos 1930 com sonhos de salvação que mais tarde prevaleceram entre prisioneiros dos campos de concentração sem nenhuma chance de sobrevivência. Em *Nas rampas de Auschwitz*, Koselleck interpretava o paradoxo dessa descoberta: "[...] valiam apenas critérios animais. A evidência interna das chances de sobrevivência, que se manifestava nos sonhos dos prisioneiros, não é mais comensurável com a frequência estatística com que eles eram gaseados. Isto também privou os aniquilados do último significado, o significado de sacrifício".

Quando eu era seu jovem colega, testemunhei como Reinhart Koselleck, em um colóquio do grupo de pesquisa "Poética e Hermenêutica", confrontou seus companheiros de geração, alguns dos quais, na época, ainda conseguiam manter escondido seu passado ativo como nazistas, com a imediatidade da presentificação histórica em sua conferência sobre os sonhos das vítimas daquele período. Após sua apresentação, uma tempestade de acusações irrompeu, desde uma suposta ausência de base metodológica até o insulto de ele ser um "destruidor de ninhos" nacional. Koselleck pouco se defendeu, parecia deprimido e passou longe do jantar coletivo. Apenas uma réplica a sua palestra, e não a palestra em si, apareceu no volume de documentação daquele colóquio.

Quinze anos após a morte de Koselleck, a entrada em inglês (não a em alemão) na Wikipédia o chama de "um dos historiadores mais importantes do século passado". Assim como suas contribuições duradouras para a teoria da história, são enfatizados o desenvolvimento da história conceitual (ou história dos conceitos) como um método de pesquisa independente, e a "historicização do tempo histórico". Isto se refere à tese de que a relação entre um passado que "ficou para trás", um "futuro aberto" à ação humana e um presente de "mera transição", que ainda consideramos como sendo, em geral, humano, surgiu primeiramente no que Koselleck chama de "tempo de sela", entre 1780 e 1830.

Na verdade, essas duas inovações da disciplina História foram remodeladas com um grau de sustentabilidade que pode ter obscurecido e neutralizado a visão do perfil intelectual de Koselleck. Pois ele é considerado um grande teórico da História, embora, na verdade, todo leitor de seus textos deva ter notado como era difícil para ele comentar suas intuições (por vezes ultrajantes) sobre o passado em termos abstratos ou mesmo escrevê-las segundo um método aproveitável por outros historiadores.

Então, talvez seja hora de descobrir Reinhart Koselleck — por exemplo, partindo do ensaio sobre *Terror e sonho* — como o singular historiador da presentificação, como o historiador que ficou fascinado pela questão de como, mais especificamente, as pessoas do passado – vítimas e perpetradores – vivenciaram seu mundo. Foi justo esta perspectiva que o levou a intuir a historicidade da visão de mundo histórica por meio da ideia de que tempos diferentes vivenciam seu mundo sob diferentes configurações de passado, presente e futuro. Uma tal relação com o passado não deve conduzir a certezas e ainda menos a valores morais, e sim permanece motivada apenas pela vívida curiosidade de vivenciar o ser-outro de outras pessoas. A propósito, Koselleck também abordou esta dimensão como um cartunista tecnicamente competente de retratos satíricos de contemporâneos.

A última vez que o vi foi na cidade de Wolfenbüttel, menos de um ano antes de sua morte. Ambos tínhamos viajado para assistir à cerimônia de entrega do Prêmio Lessing a um amigo e colega admirado. Minha esposa havia pedido que eu comprasse aspargos brancos antes de voltar da Alemanha, desses que não se consegue encontrar na Califórnia. Então, Koselleck e eu nos esbarramos cedo pela manhã no mercado – o que nós dois achamos um tanto embaraçoso. Eu me senti obrigado a mencionar o pedido de aspargos. "Mas o que te traz aqui, Reinhart?", perguntei ao velho curvado e já um pouco frágil. "Você realmente quer saber?", perguntou Koselleck, com uma voz acolhedora e com o seu como sempre infalível sorriso semi-irônico, "então veja o quão bonitas são as mulheres atrás das bancas".

Essa é a memória de um presente que passou irreversivelmente – e também de uma vontade de imediatismo da vivência que já não pertence mais ao nosso mundo.

René Girard (1923-2015): Profeta da inveja

Embora nosso único e grande mundo esteja atualmente se dividindo em vários pequenos mundos compostos por nações e regiões, ele permanece homogêneo em um aspecto: todos são em tudo comparáveis com todos os outros – mais do que nunca. E é por isso que René Girard deveria ser o autor do momento. Pois para qualquer um que queira entender nosso presente, tendo em vista os meios de comunicação globais bem como os focos de crises locais do populismo, faria bem a leitura dos livros do antropólogo franco-americano. Girard, que até o fim da vida lecionou em Stanford, analisou o desencadeamento da autocomparação rivalizante entre as pessoas como ninguém antes dele o fez, e a compreendeu como sendo a principal força motriz da ação social.

No trimestre de inverno da passagem de 2021 para 2022, o bilionário do Vale do Silício e um dos primeiros investidores do Facebook, Peter Thiel, ofereceria um seminário em Stanford sobre conflitos entre Estado e tecnologia global, o qual partiria, em especial, da teoria girardiana. A universidade teve que reagir ao enorme interesse dos estudantes pelo seminário restringindo

as admissões. Este interesse tem uma história anterior. Na virada dos anos 1980 e 1990, Thiel havia realizado vários seminários-Girard, e até hoje ele gosta de estarrecer os interlocutores com a observação de que deve seu decisivo compromisso com o Facebook a tais seminários. Ao mesmo tempo, porém, Girard continua sendo um autor que só é recebido na academia, e também na mídia, com cautela. Na mesma medida em que, hoje em dia, os intelectuais reclamam de forma tão ruidosa da inveja coletiva, eles não dão muita importância a quem é, provavelmente, o mais eminente pensador moderno dessa dinâmica.

Será que deveriam adotar uma filosofia que pressupõe a inveja como um impulso inevitável, como uma afronta à sua imagem de si e da humanidade? Cynthia Haven escreveu contra esses bloqueios em uma nova biografia, celebrada em muitos websites do Vale do Silício, que ilustra a distância de Girard de qualquer posição política e seu horror a suas próprias ideias, algo que ele compartilhava com seus oponentes mais impiedosos.

As descobertas de Haven confirmam minhas lembranças dos anos em que eu me relacionava quase diariamente com meu colega René Girard em Stanford. Ao contrário do aviso emitido na Alemanha por um eminente estudioso literário de que a obscura teoria de Girard corresponderia a um caráter de violência cicatrizado em seu rosto, eu conheci um professor universitário que foi capaz de fascinar estudantes, em particular os mais jovens. No entanto, ele sempre evitou situações de concorrência. Não por um sentimento de insegurança, mas porque ele, como um profeta, estava convencido da verdade de suas ideias. Girard nunca buscou aprovação e nunca se ressentiu de comentários céticos. Em 2005, quando foi aceito entre os quarenta "imortais" da Académie Française, escutou com certo distanciamento o poderoso elogio de seu amigo Michel Serres e recebeu nossas felicitações com um franzir de sobrancelhas. Ninguém podia, de qualquer maneira, escapar às evidências do que ele tinha a dizer – ele parecia sempre querer se posicionar.

Enquanto isso, a *New York Review of Books*, órgão central dos intelectuais da Costa Leste norte-americana, também publicou um extenso ensaio sobre o trabalho de Girard. Ele é apresentado ali como um dos "últimos titãs das humanidades" e o texto termina levantando como questão a hipótese de hoje estarmos, finalmente, na iminência de um avanço no reconhecimento de suas teses. Será que a redescoberta de René Girard no Vale do Silício terá um efeito de sinalização? E, acima de tudo: quais são as teses centrais de Girard? É em torno do conceito de "inveja" que giram as três dimensões de sua obra, derivadas sobretudo de textos literários (aos quais Girard se referia como sendo condensações de realidade).

Em primeiro lugar, nossos desejos devem surgir não de impulsos individuais, mas do olhar para os desejos dos outros e, em consequência, de sua imitação (é esse o exato ponto de partida que gerou o nome da "teoria mimética"). Enquanto os pontos de referência da imitação forem figuras famosas, protagonistas literários ou celebridades com grande alcance, não há praticamente nenhum problema decorrente da dinâmica mimética, afirma Girard. Já a imitação de "pessoas como você e eu" sugere que pressupomos que elas estão em um nível mais elevado de realização existencial, ao que reagimos com inveja. O argumento de que, hoje, a distinção entre "celebridades" e "pessoas como você e eu" perdeu sua relevância porque (em especial na web) todos de fato se comparam com os outros, só reafirma a validade da intuição elementar de Girard.

Em segundo lugar, situações e reações de inveja se repetem *ad infinitum* e dão origem a um tráfego social de agressão, algo que, segundo Girard, em todas as culturas e religiões da história humana se transformou na identificação e no assassinato ritual de bodes expiatórios. Em terceiro lugar, em seu último trabalho, ele concebeu o Novo Testamento como a única revelação religiosa que, na figura de Jesus Cristo, combinava o papel de bode expiatório com a aura do filho de Deus e, assim, revelava a agressão dirigida a ele como uma crueldade arbitrária. Pois não é apenas teologicamente impossível que o filho de Deus tenha incorrido em uma culpa que justifique a punição pelos humanos. Na última fase de seu trabalho, Girard confiou no cristianismo como um potencial motivacional para a superação da dinâmica mimética.

Ficam evidentes os aspectos da visão de Girard que fascinam o Vale do Silício. As mídias sociais lá inventadas intensificam o ritmo de nossas interações cotidianas e, portanto, aumentam a intensidade do desejo mimético: no Facebook, vemos as fotos das férias de nossos vizinhos na Grécia e colocamos, contra elas, as fotos das nossas próprias férias na Itália. Sendo assim, Thiel, um conhecedor de Girard, deve, de fato, ter estado em uma posição privilegiada para reconhecer esse potencial desde muito cedo. Da mesma forma, do ponto de vista de Girard, faz sentido que os bilionários eletrônicos estejam sempre sob a dupla ameaça de se desgastarem em situações de competição e inveja e, com isso, de se tornarem os bodes expiatórios daqueles que deixaram para trás.

É certo que o Vale do Silício marca uma posição especialmente excêntrica em nosso presente. O potencial analítico completo da teoria de Girard só é revelado quando a relacionamos com uma tendência central do nosso mundo. Nas últimas décadas, ao mesmo tempo que se aprofundou mundialmente a sempre criticada disparidade entre os níveis de renda mais altos e mais baixos, houve também uma enorme uniformização das oportunidades econômicas para uma crescente classe média. Em seu recente livro *Against Identity Politics*, o cientista político Francis Fukuyama aponta para uma conexão entre esse deslocamento e o surgimento daquelas múltiplas reivindicações de identidade, às quais todos nós nos acostumamos (incluindo seus gestos muitas vezes populistas). A identidade baseada em status socioeconômico, que dominou até o final do século XX, foi agora substituída pelas identidades de gênero, etnia e, com cada vez mais força, religião.

Agora podemos explicar, através de Girard, que quanto mais a nova igualdade da classe média se amplia globalmente, mais depressa cresce a impressão de que os outros estão em uma posição melhor – e mais há inveja, ressentimento e política de identidade. Quanto mais igualitária é a economia de uma sociedade, mais desigual ela se sente. Neste contexto, Fukuyama interpreta os conceitos de identidade como fórmulas de uniformização social que motivam demandas por mais respeito, dignidade e reconhecimento social, sem que jamais possam ser cumpridas. Logo, a concorrência entre as múltiplas demandas de identidade produz, como todos nós vivenciamos com frequência, não apenas tensões sociais, mas também ameaças onipresentes de violência.

A plausibilidade dessa lógica se torna mais palpável hoje justamente na terra natal de Girard. De uma perspectiva internacional, a grande maioria dos franceses não vive sob condições de desigualdade escandalosas, mas sob os auspícios de um Estado social (bem-sucedido e financeiramente autossuficiente) com suas típicas exigências de igualdade. Hoje, várias outras sociedades parecem estar neutralizando as tendências à violência que surgiram de situações semelhantes – pode-se assumir em um movimento que vai para além de Girard – por meio de síndromes de preceitos inabaláveis do "politicamente correto". Pois, afinal de contas, este nada mais é do que um conjunto de regras de prevenção absoluta de conflitos (em que ninguém deve jamais se sentir rebaixado), cujo efeito, de modo paradoxal, leva a uma tensão cada vez maior, a um bloqueio psicológico e uma diminuição da produtividade em todas as esferas sociais. Na França, por outro lado, a rede de não violência do politicamente correto não é mais efetiva – se é que alguma vez sequer existiu. Em poucos anos, o lugar de demandas cada vez mais profundas por igualdade foi, assim, tomado por uma violência aberta com contornos de guerra civil e por uma concentração no presidente – Emmanuel Macron foi visto como o bode expiatório do presente. Quando seus inimigos o comparavam a Luís XVI, rei francês decapitado pelos revolucionários franceses, isto tinha (apesar de todos os esforços de compreensão da parte da esquerda liberal) o significado concreto de uma ameaça metafórica de assassinato.

O livro de Fukuyama formula caminhos concebíveis para sair de tal desenvolvimento em direção à violência social e ao controle opressivo da violência por parte do Estado. René Girard, por outro lado, teria assistido ao aumento e à escalada de violência como inevitáveis. Ele via somente em um amplo retorno às formas de vidas cristãs um horizonte de esperança. Isto levou seu trabalho a ser deslocado para a periferia do pensamento contemporâneo, algo que não necessariamente depõe contra sua relevância prático-política.

Jean-François Lyotard (1924-1998): Processo do diferendo

Trazer Jean-François Lyotard para a província acadêmica foi um empreendimento arriscado. Desde a publicação do livro-ensaio sobre *A condição pós-moderna*, em 1979, ele foi considerado por muitos como o criador desse conceito, cujos significados cintilantes descreviam não apenas os intelectuais, mas, obsessivamente, também o seu próprio presente. Em meados dos anos 1980, Lyotard havia atingido o auge de uma fama que, surpreendentemente, sequer durou até o final do milênio. Nós conseguimos trazê-lo para dois dias na Universidade de Siegen, uma cidade entre Frankfurt e Dortmund que Brockhaus descreve como notável apenas por conta de sua alta pluviosidade. Ficou acordado um honorário excepcional para a época e "memória" como o tópico (sempre adequado na terra do "Terceiro Reich") – quando, na verdade, estávamos mais interessados em sua crítica da teoria de sistemas de Niklas Luhmann, a quem nós, jovens estudiosos de humanidades alemãs, idolatrávamos na época.

Três dias antes da chegada de Lyotard, o ministério responsável cancelou o contrato de honorários. Com a aprovação de

Lyotard, informamos a todos os ouvintes registrados que seria então necessária uma taxa de participação de cinquenta marcos por pessoa. E isso levou alguns estudantes, diante do local, a imprimir cédulas falsas com seu rosto, que foram distribuídas fora da sala do seminário. O convidado, cujo bem desenhado rosto e gravata Hermès correspondiam de modo absoluto à nossa ideia de uma estrela intelectual de Paris, achou a ação das cédulas divertida. Ele pareceu ficar um pouco impaciente diante de minha introdução detalhada, até que iniciou de imediato sua fala, sem manuscrito e em um inglês surpreendentemente fluente. A "memória", disse Lyotard, "é hoje cada vez mais relegada às novas tecnologias" – a fim de desenvolver, passo a passo, uma precisa fenomenologia da crescente distância entre o conhecimento e o corpo humano como um sintoma central do tempo presente.

Na discussão, Lyotard se mostrou tão acessível quanto durante sua palestra. E a primeira pergunta da plateia, questionando "se é possível pensar sem um corpo", tornou-se o gatilho, mais tarde, para um famoso ensaio de sua autoria. Isso depende do sexo, respondeu, e começou a rir. Os homens apostariam em forçar a possibilidade de um pensamento puramente maquínico "nos quatro bilhões e meio de anos restantes até o sol se apagar"; as mulheres, por outro lado, estavam mais familiarizadas com a experiência da dor e, portanto, sabiam que o pensamento sem um corpo deve permanecer existencialmente incompleto. Já estávamos há muito tempo enfeitiçados e perplexos, ninguém mais pensava nas cédulas. Pois nunca havíamos esperado tal reviravolta no tema da memória, nem a abertura dialógica do estilo de Lyotard e a perspectiva de gênero, ainda bastante excêntrica em 1986, que enfatizava uma assimetria entre os homens e as mulheres.

No entanto, para um intelectual francês nascido em 1924, a carreira intelectual de nosso convidado havia sido inicialmente bastante convencional. No início dos anos 1950, Lyotard lecionou em um liceu na Argélia e, sob influência da luta local por independência, juntou-se ao movimento radical de esquerda *Socialisme ou Barbarie*. Em 1954, publicou um manual sobre os métodos da fenomenologia. Ele não recebeu seu doutorado até os 47 anos de idade. Com o título *Discours, Figure*, trabalhou em sua dissertação com o modo como os textos, em sua abstração conceitual, fracassam e têm sempre de fracassar em apreender cores, formas e nuances das imagens em sua concretude. Lyotard havia descoberto o fio condutor de sua obra filosófica.

Embora tenha sido, desde 1959, professor nas então bastante fechadas filiais marxistas da Sorbonne, em Nanterre e Vincennes (onde ele – como muitos acadêmicos proeminentes de humanidades na França – nunca foi promovido para além dessa posição), Lyotard logo fez uma convicta separação de todas as teorias e ideologias que continham uma reivindicação de totalidade em *Économie libidinale*, seu livro seguinte publicado em 1974. Sob a influência de Jacques Lacan, o desejo então tomou o lugar do real que havia sido ocupado pelas nuances concretas das imagens em *Discours, Figure*. Seguindo Sigmund Freud, Lacan pressupôs um pano de fundo de energia erótica para cada desejo e cada ação humana, mas suspendeu o âmbito do saber psicológico e da prática psicanalítica por meio de seu radical ceticismo no que se refere à possibilidade de se apreender qualquer desejo conceitualmente. Lyotard transferiu essa abordagem para a sociedade.

Em vez de tentar justificar o desejo, ele alegou que toda política e toda ética cumpririam a função de controlar e romper sua realidade individual. Por exemplo, todos os governos e todas as elites teriam usado os momentos positivos –principalmente os sexuais – da vida da classe trabalhadora para mantê-la subjugada em contentamento. Ao contrário das posições filosóficas dominantes da época, que se baseavam exclusivamente na linguagem e no conhecimento como sendo "construções da realidade", Lyotard sustentava, assim, que havia uma dimensão extralinguística da realidade em jogo na energia do desejo. Esta se articularia, escreveu, em ondas de intensidade, muitas vezes desencadeadas pela experiência estética e que podem, com sua pressão explosiva, tornar frágil a autoridade de instituições e ideologias. Duas décadas depois, Lyotard chegou ao ponto de sugerir, em uma entrevista, que poderia haver uma conexão positiva entre intensidade e os movimentos caóticos do capitalismo. Suas formulações permaneciam vagas porque ele provavelmente não queria se expor, no final de sua vida, à acusação de pertencer à "direita" política. Contudo, não há dúvida de que Lyotard viu no capitalismo uma energia potencial que poderia ser utilizada para a libertação individual.

Lyotard tornou-se famoso internacionalmente em 1979 com seu *A condição pós-moderna*, cujo subtítulo, "Relatório sobre o saber", se referia ao motivo particular de sua criação. Na época, o governo de Québec, que estava pressionando pela autonomia de suas universidades, o encarregara de analisar a situação das condições estruturais da ciência. Sua tese principal levou uma posição que havia emergido em livros anteriores a um novo patamar. Se a modernidade, desde o final do Iluminismo, tinha sido orientada para o objetivo de compreender o mundo em teorias (algo como a "teoria dos sistemas" de Luhmann) e narrativas com reivindicações de universalidade, este projeto teria sido destruído pelas experiências de totalidade do século XX. O conhecimento, no âmbito pós-moderno, só poderia circular em isolamento e concretude – e seria ao mesmo tempo, como Lyotard diagnosticou muito precocemente, separado da existência humana pelo poder de absorção da tecnologia eletrônica.

Em sua extraordinária ressonância, este livro foi mal compreendido como um incentivo à pluralização sem fim e à arbitrariedade na produção do conhecimento. Lyotard reagiu, em 1983, com *Le Différend*, sem dúvida sua obra mais importante, cujas complicadas, em alguns lugares até mesmo volumosas, respostas à pergunta sobre a possibilidade de justiça e ética existirem em uma atmosfera de isolamento encontraram, contudo, poucos leitores – é também provável que isso se tenha dado por sua disposição fundamentalmente pessimista, que passava ao largo da confortável euforia daqueles anos "pós-modernos". No início da argumentação aparece o conceito de "jogos de linguagem" da filosofia tardia de Ludwig Wittgenstein (para o qual Lyotard introduziu a expressão "regimes de frases"). Cada jogo de linguagem reage à realidade extralinguística segundo suas próprias regras, e uma tradução ou mesmo um consenso entre tais reações é impossível. O conceito de "diferendo" se refere a esta impossibilidade: "é um caso de conflito entre (pelo menos) dois grupos que não pode ser resolvido porque não existe uma regra de julgamento que possa ser aplicada a ambas as posições. Aplicar uma e apenas uma regra de julgamento a ambas as posições faria, de qualquer maneira, injustiça a um grupo". Mas Lyotard não se rendeu à conclusão fácil de que, em consequência, a justiça seria inatingível em um mundo de jogos de linguagem incompatíveis. Cada caso individual de diferendo poderia contribuir para o desenvolvimento de uma consciência de alerta em vista do problema onipresente e, com isso, trazer "soluções" concretas, que sempre foram preferíveis à aplicação de normas supostamente abrangentes.

Lyotard continuou sua reflexão sobre os desafios existenciais da técnica eletrônica com a exposição *Les Immatériaux*, da qual foi curador no Centre Georges Pompidou, em Paris, em 1985. O catálogo, perfumado com *Eau Sauvage* da Dior, mostrou que o horizonte das "imaterialidades" deveria incluir, por um lado, todos os traços das energias libidinais que infundem energia ao corpo humano e, por outro, o conhecimento progressivamente distanciado do corpo. Como é possível lidar com os desafios existenciais dessa dupla imaterialidade eletrônica e libidinal sob a premissa do diferendo? A questão implícita de Lyotard ainda se presta como um ponto focal que, mais de trinta anos depois, reúne os problemas mais urgentes de nosso presente de uma forma intelectualmente concisa.

O potencial de tais reflexões ainda não havia se desdobrado quando o convidamos de volta a Siegen em 1988, dessa vez por um mês. Em nossas cinco sessões de seminário por semana, nos voltamos de forma particularmente próxima ao texto dos sete parágrafos da *Crítica do juízo* de Kant que tratam do sublime (§§23-29). Lyotard seguiu a intuição – para ele, típica – de que, na oposição (ou, talvez melhor, na assimetria) entre prazer e dor na experiência do sublime, que Kant não resolveu nem mediou, deixar-se-ia descobrir um caminho para a dinâmica do desejo. Paisagens sublimes, por exemplo, nos assustam e, ao mesmo tempo, despertam o desejo de nos agarrarmos a elas. Desse modo, o desejo é sempre ambivalente, sempre nos puxa em direções opostas. Este é o tema do *Leçons sur l'Analytique du Sublime*, de Lyotard, publicado em 1991.

Nos finais de semana que passou em Siegen, ele era visitado ou por sua esposa, com quem tinha um casamento feliz desde 1948, ou por sua amante, que conhecera por ocasião da exposição no Centro Georges Pompidou. Ambas as mulheres estavam cientes da presença da outra, e Lyotard nos falava sobre a situação sem grande constrangimento. Ele não queria se separar da mãe de seus filhos, com quem havia compartilhado a vida e continuava a sentir um vínculo de amor, mas também não queria sacrificar a intensidade erótica que o atraía para a amante (com quem criava um filho). Estava claro, para Lyotard, que a tentativa de encontrar um jeito de viver com as duas mulheres de modo a tornar possível ambos os relacionamentos o fazia parecer um bígamo, e ele não teve sucesso em resolver tal diferendo. Sua esposa decidiu se divorciar dele. Ele adotou legalmente seu filho mais novo e se casou com a mãe dele. Algumas semanas depois, Jean-François Lyotard foi diagnosticado com leucemia, da qual faleceu em abril de 1998.

Michel Foucault (1926-1984): A fria paixão do indivíduo

Michel Foucault encarnava seu tempo. Não apenas porque a cabeça raspada, a imaculada gola alta branca e os óculos retangulares cumpriam a vontade de estilo dos anos 1970 e início dos anos 1980, quando ele lecionou no Collège de France, a principal instituição acadêmica de seu país, aberta a todos os interessados. Foucault também desempenhou habilmente, até o ponto de uma certa monumentalidade, o papel de herói em uma era de titãs intelectuais. Ainda mais do que na posteridade dos dias de hoje, ele já era uma lenda em vida – o que na época significava, é claro, que ele era considerado um protagonista da esquerda política.

Por volta de 1980, chegava aos milhares o número de ouvintes de suas palestras sobre a história da sexualidade antiga ou sobre as instituições do governo político ("governamentalidade"). A tensa concentração com que Foucault lia os rascunhos de livros futuros – sem se deixar abalar pelo ritmo dos estudantes que constantemente trocavam as fitas nos gravadores que o rodeavam – fazia parte de sua aura única de disciplina

intelectual. Ninguém sabia por onde ele saía do edifício do Collège. A quem fosse concedido o tempo de uma conversa após a aula, este era encaminhado para o endereço de um restaurante próximo. Por entre pratos vietnamitas, os quais eram tão apimentados quanto eram modestamente apresentados, Foucault me explicou, na primavera de 1981, o projeto de um sistema de detecção precoce intelectual, cuja realização foi interrompida devido à sua morte prematura. Jovens colegas de vários países europeus deveriam chamar sua atenção para seminários, teses de mestrado e dissertações de doutorado de colegas ainda mais jovens (a palavra "estudantes" não parecia pertencer a seu vocabulário), dentre os quais Foucault gostaria, então, de encaminhar os melhores para traduções simultâneas em três importantes editoras privadas, na França (Gallimard), na Alemanha (Suhrkamp) e na Itália (Einaudi).

Como o projeto arrojado me deixou sem palavras, minha esposa, que havia se juntado a nós para vivenciar o mestre de perto, usou os segundos de silêncio para perguntar sobre a avaliação de Foucault da (então ainda excêntrica) filosofia feminista – ao que recebeu em troca uma resposta cortante: *"Cela ne m'intéresse absolument pas, Madame"* ["Não tenho qualquer interesse por ela, senhora."]. Seu tom confirmou algo que, na época, se comentava a portas fechadas, a saber, que Foucault não estava nem sequer intelectualmente interessado em mulheres. Berkeley e a cena do bairro de Castro, em São Francisco, por outro lado, foram temas sobre os quais ele falou com um entusiasmo concentrado, com uma lembrança quase eufórica dos professores visitantes de Berkeley, enquanto nos conduzia, ignorando todos os semáforos, a uma aula na vizinha rue Raspail em seu Volkswagen Scirocco.

Como surgiu a fama singular desse intelectual que, sendo um fanático por velocidade e beirando a misoginia, contradizia tão completamente a imagem tradicional de um professor francês? O livro *As palavras e as coisas*, publicado em 1966, quando ele tinha 40 anos de idade, é considerado sua principal obra. Por meio de uma história das humanidades, ela visava – como todas as publicações de Foucault – o nível do discurso, isto é, formas textuais elementares nas quais estruturas do saber institucionalizado se articulam. Em vez de estarem acessíveis aos seus usuários para uma livre disposição ou mesmo para a mudança, os discursos sempre moldam, limitam e direcionam as possibilidades da vida humana de diferentes maneiras, algo que Foucault demonstrava com casos sempre concretos (e, por vezes, um tanto sensacionalistas) do passado europeu (loucura, parricídio, arquitetura prisional). É impossível viver sem essas formas do saber que se tornaram linguagem, mas que, ao mesmo tempo, funcionam como agentes de poderes não pessoais, cujo uso nos disciplina a nós mesmos e nos torna submissos (este aspecto é indicado pelo seu conceito de "micropoder", que ainda é usado com frequência hoje em dia).

De Nietzsche, Foucault adotou – em contraposição à filosofia da história iluminista – a visão "genealógica", segundo a qual as regularidades ou mesmo os movimentos de progresso e reconciliação existencial nunca podem ser derivados da sucessão de discursos. Algo como as humanidades, escreveu ele, deve ter surgido – após episódios de uma pré-história dos novos tempos sob os auspícios da "legibilidade do mundo" (por exemplo, em *Dom Quixote*) e da "representação" (a *Enciclopédia* de Diderot) – por volta de 1800, a partir de uma configuração do saber para a qual o homem era, ao mesmo tempo, o sujeito e o objeto central da análise do mundo e que assumia que nenhum fenômeno seria capaz de resistir à sua mudança no tempo. O fato de que, de uma perspectiva genealógica, os discursos e práticas de dominação foram mobilizados para mudanças permanentes, mas não regulares, motivou aquela que é provavelmente a mais famosa passagem da obra de Foucault, o último parágrafo de *As palavras e as coisas*. Lá, ele anuncia que uma autoimagem do ser do homem, que era ainda normativamente cultivada sem ceticismo pelas culturas ocidentais nos anos 1960, um dia desapareceria "como uma figura desenhada na areia sob as ondas do mar".

Vários biógrafos têm – com razão – enfatizado que todas as facetas do trabalho de Foucault se referem a diferentes fases de sua vida. Mas como podemos explicar, desse ponto de vista, uma concepção da história humana em que preponderam a onipresença do poder e a impossibilidade de realizar ideais existenciais? Michel Foucault vinha de uma família da alta burguesia da cidade provincial de Poitiers que incentivava seus interesses intelectuais desde a infância e cujas expectativas ele decepcionou ao decidir não seguir a carreira de seu pai, um brilhante cirurgião. Nos mais diferentes níveis do rígido sistema educacional francês, ele foi, desde cedo, considerado um talento excepcional – mas também um excêntrico a quem inicialmente foram negados sucessos e distinções decisivos. Quando foi enfim aceito na instituição parisiense de elite da École Normale Supérieure, Foucault sucumbiu a uma crise suicida.

Seu trabalho emergiu de tais experiências recorrentes de fragilidade pessoal e moldou uma personalidade grandiosa que se permitia um grau excepcional de liberdade individual. Não é coincidência que alguns de seus livros mais famosos, tais como *O nascimento da clínica*, *Vigiar e punir*, ou mesmo os primeiros volumes de *A história da sexualidade*, analisam dispositivos de normalização e controle – e convergem em uma objetivação das vítimas que se afastava do *pathos* marxista de uma "história das vítimas" de alguém como Walter Benjamin. Foucault sempre escrevia em termos antes de tudo sóbrios e justamente por isso gerava um efeito de despertar combatividade em pessoas cujas vidas haviam sido estilhaçadas pela severidade das instituições. Fatos e números substituíram, em seus livros, os excessos de identificação pessoal e compaixão calorosa. Nesse contra-*pathos* se articulava uma crítica à autocomplacência moral de muitos intelectuais. A sua adesão ao Partido Comunista em 1950, um movimento quase natural para aquela geração francesa, levou ao seu desligamento após apenas três anos, tanto por Foucault se sentir ameaçado pela homofobia ideologicamente reforçada do partido, quanto por se recusar a colaborar com projetos políticos coletivistas – e, por fim, também porque ele logo descartou quaisquer ilusões sobre a União Soviética. Desde então, os momentos de ativismo em sua vida nunca foram de fato motivados por valores esquerdistas, mas sim por impulsos de resistência à repressão de formas excêntricas de vida.

É nesta relação especial com o passado e com os estudos desenvolvidos a partir dele que residia a premissa do trabalho foucaultiano, a qual ele havia explorado com instrumentos clássicos da filosofia fenomenológica. Mas durante seus últimos anos de vida os resultados do trabalho histórico e de sua reformulação existencial também levaram à sedimentação de um avanço filosófico. Acima de sua história da sexualidade, Foucault descobriu e desdobrou – de modo, a princípio, surpreendente para seus leitores – discursos antigos, em especial os textos dos estoicos, cujas perspectivas visavam, para além de uma proteção do indivíduo contra os dispositivos de poder do Estado, uma autoformação do indivíduo em independência de poder ("cuidado de si"). A partir disso, ele extraiu consequências políticas para seu presente que tiveram pouca ressonância à época, mas que conservaram um valor de enfurecimento que é importante para nós: "O problema político, ético, social e filosófico de hoje não está na libertação do indivíduo do Estado e suas instituições, mas em nossa própria libertação daquela forma de individualidade que surgiu no confronto com o Estado".

Esse fascínio de Foucault por formas novas de individualidade, nunca antes pensadas e vividas, é o que constitui sua diferença decisiva em relação aos movimentos "libertários" que fazem sucesso em nosso tempo e que, até agora, se preocuparam apenas com a independência e a distância em relação ao Estado. Foucault estava muito menos interessado na privatização de funções estatais (algo que é hoje levado em alta conta no Vale do Silício) do que em uma erótica que, com sua interioridade, havia cortado toda referência a estruturas familiares. Poder-se-ia chamar este potencial de uma individualidade extática, para aumentar seu valor provocador, de radical-burguês.

Michel Foucault não teve tempo de ir além daquela beirada. No entanto, sua vida deixou imagens inspiradoras para uma nova individualidade. Uma delas é o experimento de renunciar à forma e ao esplendor do clássico papel de autor sem trocá-los pela falsa modéstia de um coletivismo de esquerda. Em minha cópia de *As palavras e as coisas*, guardo a breve carta com que Foucault respondeu de maneira gentil a um convite que lhe fiz para dar uma palestra na Alemanha, "pelo simples fato de que eu, particularmente, gosto de ir ao último país restante sem controle de velocidade". Ainda antes da primeira avaliação médica coerente de sua doença, Foucault morreu de AIDS em junho de 1984. Este processo também foi mencionado na carta. Ele contou que sofria não apenas de sintomas de origem desconhecida, mas também do fato de que eles não podiam ser colocados em palavras. Ele não mais pôde vivenciar uma reconciliação com as possibilidades intelectuais e clínicas de seu tempo.

Niklas Luhmann (1927-1998): Teoria e produção de complexidade

Ele morreu jovem pelos parâmetros atuais e, para muitos, morreu jovem demais de qualquer modo. A rica vida intelectual de Niklas Luhmann chegou ao fim em 6 de novembro de 1998, aos 71 anos, depois de ter sofrido por vários deles com uma grave doença autoimune. Apesar de seus leitores, numerosos e por ele fascinados, terem pressentido sua morte, o anúncio feito na abertura de todos os noticiários de destaque foi, para a Alemanha intelectual, um acontecimento como que incompreensível. O pensamento de Luhmann havia energizado – e dividido – a nação desde os anos 1960. Naquela época, qualquer pessoa que se reconhecesse como intelectual deveria escolher entre duas possibilidades: ou se falava com conceitos e argumentos (às vezes até com uma voz peculiarmente aguda) que o influente, mas pessoalmente distante, professor de Bielefeld havia colocado em circulação, ou se assumia um papel antiluhmanniano e se jurava fidelidade eterna aos princípios neomarxistas da Escola de Frankfurt, princípios que Luhmann desafiava desde um famoso debate que teve com Jürgen Habermas no início dos anos 1970.

Os seguidores de Luhmann assumiam que sua teoria dos sistemas sociais logo dominaria os centros nevrálgicos internacionais das Ciências Sociais. Alguns chegaram até mesmo ao ponto de afirmar que sua visão das coisas já seria, fora do mundo acadêmico, "o caso do presente". Bons vinte anos mais tarde, nenhuma dessas expectativas ou temores foram cumpridos. Como muitos outros veteranos daquela época, lembro-me da teoria dos sistemas com um sentimento agridoce de um romance de juventude que queríamos abraçar como se fosse o amor de nossas vidas. Mas o projeto de uma edição completa das obras de Luhmann ficou travado pelo volume sobrepujante de seu patrimônio e por disputas legais entre seus herdeiros. Da recepção global prevista para sua teoria, restou nada mais que uma evidência de sua diáspora: os textos de Luhmann, em sua maioria escritos de juventude sobre sociologia do direito, continuaram a ser leitura obrigatória somente em algumas poucas escolas de Direito nos Estados Unidos. Em alguns outros países – México, por exemplo –, as seitas luhmannianas, compostas por membros agora já em idade de aposentadoria, sobreviveram graças a um extenso trabalho de tradução. Aqueles que, entre sua cidade natal de Lüneburg e as universidades alemãs ao sul de Constança, ainda falam em ou escrevem sobre teoria dos sistemas podem, na melhor das hipóteses, esperar por um efeito nostálgico.

Como podemos explicar esta drástica virada conjuntural? E, sobretudo: existe ainda qualquer possível recompensa em uma releitura feita a partir de pressupostos anteriormente deixados de lado? Para respostas produtivas a essas perguntas, pode ser esclarecedor olhar para as ambiguidades específicas da biografia profissional de Luhmann, em que as etapas de trabalho administrativo e de reflexão filosófica se combinaram para formar uma oscilação peculiar que, provavelmente, foi difícil até para ele próprio compreender. Tendo aderido ao partido nacional--socialista em 1944 sem jamais ter recebido um número de membro – algo que declarou em um questionário de desnazificação em 1949 –, ele serviu como auxiliar de artilharia antiaérea a partir dos quinze anos de idade. Luhmann passou vários meses em cativeiro norte-americano e completou um curso de Direito em Friburgo entre 1946 e 1949. Ele, então, completou sua formação jurídica no Tribunal Administrativo Superior de Lüneburg, foi apontado para o Ministério da Cultura da Baixa Saxônia em 1955, e adquiriu uma reputação de funcionário público intelectualmente notável, o que lhe rendeu uma bolsa de formação avançada em Harvard entre 1960 e 1961. Após seu retorno, foi professor por três anos na Universidade de Ciências Administrativas de Speyer. Concluiu seu doutorado e habilitação em Münster em cinco meses e foi nomeado, em 1968, para a recém-fundada Universidade de Bielefeld, onde lecionou até sua aposentadoria, em 1993. Na condição de um pensador de primeira linha descoberto tardiamente no mundo acadêmico, Luhmann cultivou um estilo comportamental de sobriedade administrativa e uma linguagem em que o tom seco (e, por vezes, elegante) das certezas jurídicas se sobrepunha ao indicativo de extravagantes êxtases especulativos.

No desdobramento de sua teoria, três fases se sucederam, cada qual – ao contrário da impressão predominante de uma derivação internamente independente – ele relacionava de forma explícita a outros pensadores. Luhmann atribuiu ao sociólogo Talcott Parsons, a cujos seminários tinha assistido em Harvard, a tese de que os sistemas sociais, por princípio, cumprem funções de redução de complexidade em relação aos mais distintos (mas sempre excessivamente complexos) entornos. Ele retraçou a ideia de uma reprodução autopoética interna de sistemas em reação a diferentes condições ambientais dos biólogos chilenos Humberto Maturana e Francisco Varela. E, para a compreensão dos sistemas sociais como auto-observadores, e, portanto, em certa medida, também autocontroladores, recorreu ao conceito de forma do matemático britânico George Spencer-Brown.

Contudo, enquanto a distinção sistema/entorno e o conceito de sistemas autopoéticos fechados trouxeram impulsos inovadores às discussões sociológicas, a premissa da auto-observação dos sistemas como matriz de qualquer formação teórica levou o falecido Luhmann a concordar com as posições tradicionais da hermenêutica e com os então desmedidos truísmos da "construção social da realidade". É precisamente este construtivismo que, no clima neorrealista da filosofia do presente, reveste a teoria dos sistemas com a ferrugem de um irreparável pensamento do passado.

Se o próprio Luhmann chegou a pensar nisso, se a crescente aceitação de seu trabalho foi um efeito de tais abordagens da hermenêutica e do construtivismo, nunca saberemos. Igualmente sem resposta é a questão acerca da possibilidade daquela geração de especialistas em Parsons, Maturana/Varela e Spencer-Brown, os quais haviam feito das citações de Luhmann nas universidades alemãs seu ganha-pão oficial, o ter convencido de que existiria um "estado de coisas internacional na discussão da teoria dos sistemas". Na realidade, quando Luhmann se referia a este horizonte, o qual não existia fora de seu próprio círculo de estudantes e leitores, ele estava apenas falando das respectivas fases alcançadas pelo seu próprio pensamento. Teria Luhmann se tornado uma vítima de seu discurso administrativo, sóbrio e descritivo, sedento por referências, ou estaria ele encenando um jogo brilhantemente diabólico de ironia a favor de – e contra – seus leitores? Em qualquer caso, a assimetria entre a teoria dos sistemas enquanto realização individual e o discurso de sua autoapresentação enquanto forma de pensamento global explica por que ela, em vez de ganhar aceitação nacional, rapidamente caiu em esquecimento, após a morte de Luhmann, na já mencionada situação de diáspora.

Mas por que o muito admirado Niklas Luhmann adorava falar de seu trabalho de uma perspectiva que afastava a si mesmo da condição de um sujeito potencialmente heroico ou de genialidade intelectual – assim apenas aumentando ainda mais, paradoxalmente, a admiração sobre si? De que modo ele colocou no mundo a crença cega, que sobrevive até hoje, de que ele teve suas melhores ideias a partir da comunicação com uma bastante convencional caixa de fichamentos? Por que, na missa acadêmica de comemoração de seu sexagésimo aniversário, Luhmann agradeceu, com expressivo espanto, aos colegas que tinham vindo do mundo todo a Bielefeld "para honrar seu trabalho" (e não ele próprio)?

Afinal de contas, Luhmann também se recusou a fornecer um equivalente arredondado para os conceitos clássicos de "sujeito" ou de "ser humano". Em vez de ser homogênea, a "autorreferência humana" (como o homem era chamado na teoria dos sistemas) deveria existir – contraintuitivamente – em um difícil acoplamento de três sistemas, a saber, o corpo ("sistema biológico"), a consciência ("sistema psíquico") e a sociedade ("sistema social"). Para este truque teórico extravagante, ele tinha uma razão específica que não abordava com frequência. Como alguém que cresceu durante a era das ideologias após a Primeira Guerra Mundial e durante a Segunda Guerra Mundial, Luhmann quis evitar, em seu trabalho, em nome da humanidade, toda e qualquer possibilidade de se extrair grandiosas – e potencialmente totalitárias– reivindicações éticas, políticas e mesmo ideológicas.

Sua própria força intelectual estava – muito pelo contrário – nos gestos provocadores de um estranhamento filosófico com os quais enfrentava incessantemente seus leitores. Tais estratégias convergem na teoria da ciência de Luhmann, que eu vejo como a única peça da teoria dos sistemas que, desde a fase final de seu trabalho, tem se tornado cada vez mais significativa. Dentre todos os sistemas sociais, escreveu ele, a ciência, por si mesma, não serve para reduzir a complexidade do seu entorno, mas para aumentá-la. A ciência, portanto, deve tornar nossa visão do mundo mais complexa, ainda mais complicada, em vez de resolver problemas. Logo, proporcionar aquilo que, no pensamento e como visão de mundo, "é o caso" não deve ser exatamente sua tarefa, mas sim apontar alternativas que mantenham o pensar em movimento também e, sobretudo, ante a pressão do problema.

Se a universidade, que hoje está se tornando uma instituição que serve apenas para transmitir conhecimentos profissionais, é de fato capaz de tornar realidade essa proposta de Luhmann é outra questão. Se for o caso, resta também a possibilidade de tomar a teoria da ciência de Luhmann como modelo para uma nova autocompreensão do intelectual. A função clássica do engajamento do intelectual com posições políticas já existentes chegou ao fim em um mundo onde a ressonância social tomou o lugar da representação e da argumentação. Dessa maneira, temos que apreender conceitualmente essa nova situação em vez de nos queixarmos dela em uma nostalgia piegas. Cabe a nós imaginar alternativas e não só lamentar um *status quo* passado da razão iluminista.

Sem um senso de ironia, porém, ou como um saber receptivo à criatividade intelectual, esta dimensão da teoria dos sistemas não será trazida à vida. Em vez disso, deveria se aplicar hoje mais do que nunca àquilo que, no final dos anos 1980, Niklas Luhmann recomendou enfaticamente, em voz aguda e brilhante, aos bolsistas de uma faculdade de pós-graduação e a mim, seu "porta-voz": "E se vocês tiverem um problema, minhas senhoras e senhores, por favor, não o resolvam – preservem-no, papariquem o seu problema". Reagimos em choque e, contudo, também nos sentimos encorajados a pensar. Enquanto nós, intelectuais de hoje, fingirmos que temos respostas, continuaremos a estar incomodados pela fraca ressonância que elas encontram. Nossa possível força – e a de Luhmann, com freqüência esquecida – consiste somente em nossa capacidade de aceitar a complexidade e desenvolver alternativas para o estado de coisas do mundo.

George Steiner (1929-2020): Frágil aristocrata do espírito

Em uma conversa com um jornalista francês realizada seis anos antes de sua morte em 3 de fevereiro de 2020, o crítico literário George Steiner, nascido em 1929, fez um balanço de sua grande obra com serenidade tocante – e olhou adiante para o futuro que lhe restava. Todas as manhãs, ele passava um bom tempo fazendo exercícios de memória, não negligenciando a possibilidade de que, em algum momento, pudesse se tornar um fardo para aqueles ao seu redor. Seria, naquele ponto, já tarde demais para se aventurar em trabalhos criativos sérios ou para aprender hebraico, língua de leitura que sempre lhe teria faltado "devido à sua própria preguiça". Ao longo de sua vida, Steiner, que foi desde cedo tratado como um mito, impressionou seus colegas com gestos de recolhimento pessoal.

Lembro-me, nesse sentido, que, após uma palestra realizada por mim na Universidade de Genebra (na qual Steiner lecionou de 1974 a 1994), ele me fez uma questão aparentemente simples, perguntando-me se os gêneros e gestos do discurso parlamentar da Revolução Francesa mencionados em minha

fala ainda seriam um modelo para a prática política. Ele aceitou a resposta muito detalhada de forma paciente e silenciosa, e, se não pareceu decepcionado por ela, tampouco se impressionou. Mais tarde, Steiner esteve presente em um chá preparado na casa de seu colega Jean Starobinski, a autoridade internacional da época no que se refere à história intelectual francesa. Era um apartamento com móveis antigos e música clássica de piano tocava ao fundo. Quanto menos Steiner falava, mais ele nos fascinava, encarnando o excêntrico papel de um aristocrata na república das humanidades, que então se reunia entre culturas europeias nos entornos do lago Léman.

A família de Steiner havia pertencido à alta burguesia judaica de Viena e, diante do crescente antissemitismo na Áustria, se mudou para Paris em meados dos anos 1920, onde seu pai atuava como consultor financeiro para diferentes governos. Um mês antes da ocupação de Paris pelas forças armadas alemãs, a família havia se mudado para Nova York. Lá, o filho completou seus estudos em uma escola francesa de orientação conservadora nacionalista para então ir, enfim, estudar na Universidade de Chicago, depois Harvard e Oxford. Após uma atividade jornalística no *Economist* de Londres, Steiner foi um dos primeiros bolsistas não matemático-científicos no Institute for Advanced Studies de Princeton, onde encontrou figuras pouco acessíveis do século XX como Julius Charles Oppenheimer, Kurt Gödel ou Albert Einstein. Estar próximo das verdadeiramente grandes mentes, como se dizia na época, deve ter lhe marcado.

George Steiner nunca compreendeu a sua jornada de vida como destino, e sim como o caso de um privilégio da existência judaica – sem nunca esquecer os perigos mortais que desde sempre a ameaçaram. Como judeu, sempre se é hóspede, ele escreveu mais tarde, junto ao chamado de contribuir para a consciência de diferentes culturas sobre suas próprias particularidades. Sendo assim, ele nunca considerou o Estado de Israel – apesar de toda a sua compreensão dos motivos pragmático-políticos de sua fundação – como um lugar possível para a sua própria vida. A individualidade de Steiner, porém, dada pelo judaísmo como forma de vida, havia se condensado desde cedo em uma atitude de dignidade por causa de um desafio físico. Ele havia vindo ao mundo com um braço direito não totalmente desenvolvido e, em vez de reagir a isso com pena, sua mãe o convenceu de que era vital satisfazer a todas as exigências da vida cotidiana, mesmo que com um esforço adicional. No fim, ele aceitou com gratidão essa obrigação, guardou-a – sob permanente reserva contra todas as formas de psicanálise – como parte de uma privacidade de que não se deveria valer a pena falar, e habitou seus mundos com visível distância.

O primeiro centro de energia intelectual da obra de George Steiner deve ter surgido de seu trabalho sobre o sofrimento físico. Depois do tratado *Tolstói ou Dostoiévski*, escrito com um entusiasmo peculiar que soava ao mesmo tempo jovem e maduro e no qual ele desafiava todas as convenções acadêmicas por não ter qualquer conhecimento de russo, surgiu, em 1961, o livro *A morte da tragédia*, que, por muito tempo, foi subestimado como mera história da recepção dos dramas de Sófocles (em especial do mito de Antígona). Antes, o livro deve ser lido como um lamento existencial pelas infindáveis tentativas da grande literatura de, após a Antiguidade, dar sentido às imagens de destruição da vida individual e assim amenizar sua insuportável clareza. Então, em 1975, Steiner publicou uma obra que ficou famosa nos estudos literários – e também academicamente mal afamada por conta de sua intensa ressonância nos meios de comunicação e na cultura popular –, a qual tinha como ponto de partida a sua experiência de uma vida entre diferentes línguas. *Depois de Babel* respondia ao seu próprio desenvolvimento em direção ao cosmopolitismo, desdobrando a tese de que cada leitura individual de um texto traduz seu mundo em um outro mundo (individual), e assim faz parte de uma poderosa celebração da vida do espírito que ocorre enquanto processo interminável de uma conversa entre culturas.

Os críticos reagiram de forma bastante perplexa, em 1986, a uma terceira grande obra dentre o grande número de livros de Steiner. Seu título, *Presenças reais*, se referia ao teologismo pré-Reforma da "presença real" da carne e do sangue de Cristo no sacramento da Eucaristia e, a princípio, levou – de modo aparentemente lógico – à questão de saber se era concebível sem a presença de Deus a experiência da grande arte, da literatura e da música. Porém, o plural da palavra-título, "presenças", a qual se desvia do discurso teológico, indicava que Steiner, como agnóstico declarado, estava tentando descrever aqui outra experiência secular, que, no entanto, seria difícil de vir à tona sem referência a um "outro mundo". O que vem à tona é a certeza de que autores e artistas de fato grandes tornam presentes fragmentos do mundo em uma imediatidade repentina, às vezes radiante, que deve necessariamente permanecer fechada à experiência cotidiana, com suas pré-orientações prático-esquemáticas dos sentidos e do saber.

Steiner nunca tentou forçar os três temas pelos quais era (no sentido de realizar uma mediação conceitual) obcecado: a brutal imposição do trágico, a tradução como fonte de abundância cultural e a iluminação da realidade nos momentos de experiência estética. Contudo, como um ponto de fuga de sua afinidade, impõem-se perguntas sobre aquelas figuras que, em primeiro lugar, tornariam possíveis momentos extraordinários do espírito. Steiner brincou ao redor deles, em 1990 e 2002, em duas séries de palestras sobre as *Gramáticas da criação* e as *Lições dos mestres*. Nessas séries, ocasionalmente encontramos sua inclinação, plausível em vista de *Depois de Babel*, como um escritor que vivia entre diferentes línguas, como Nabokov e, sobretudo, Beckett. Mas o que me impressiona como algo decisivo é a firmeza com que Steiner dissocia a intensidade da experiência estética ou da vivência intelectual da responsabilidade moral na vida dos autores — e até mesmo (para a indignação de muitos colegas) da esperança de se obter quaisquer indicativos de orientação ética ou política da leitura de tais obras.

Steiner fala várias vezes da qualidade sublime da prosa de Louis-Ferdinand Céline, um antissemita indomável, das intuições sobrepujantes de uma metafísica que não mais reconhece Deus como a de Martin Heidegger, que havia se engraçado com os nazistas. Nesta atitude de radical — e estranha — honestidade, as descrições de Steiner conseguiram um poder que suas (até mesmo em sua própria avaliação) mornas tentativas alegóricas com a ficção literária nunca alcançaram. Penso em quando ele evoca o sofrimento do filósofo judeu Edmund Husserl, que teve de testemunhar seu admirado estudante Heidegger o superando e dele se esquecendo, ou em comentários sobre o deslumbramento homoerótico do poeta Stefan George durante os anos em que esteve em contato com o fascismo crescente.

A força singular de George Steiner não estava na erudição ilimitada, tampouco era inspirada pelo virtuosismo de jogar com motivos filosóficos, mas sim residia na impaciência com que, a partir de momentos de êxtase estético e intelectual, ele se dirigia em direção a perguntas abertas para as quais não havia respostas à vista. Steiner conduzia seus leitores àquelas questões que, de outra forma, colocaríamos entre parênteses como sendo "simples" demais, de modo a nos poupar das presumíveis derrotas das soluções perdidas: por exemplo, a questão do que nos move e também do que nos ultrapassa quando ouvimos música; por que tantas pessoas se sentem apegadas aos animais; ou como uma sensibilidade erótica imediata pode ganhar vida em nossas palavras.

Aquela pergunta que Steiner me fez em Genebra relativa ao valor residual dos discursos da Revolução Francesa também deve ter sido, para ele, uma pergunta sem resposta evidente. Em seus textos, a frágil dignidade de George Steiner brilha de imediato ali no ponto em que o entusiasmo se depara com a impossibilidade de se compreender a si mesmo. Com a mesma retidão implacável, tarde na vida ele se expôs à questão de um futuro possível para a — como dizia, visivelmente cansada — cultura europeia. Sendo assim, ele não assumiu uma posição de autoridade quando se tornou professor em Cambridge, onde fora nomeado após seus anos em Genebra, e não deu qualquer atenção à ideia, então popular, de desenvolver a Europa como um baluarte da educação tradicional contra um universo consumidor global. Steiner, por outro lado, certamente estava ciente do "sonho californiano" em sua concretização por meio das tecnologias digitais, mas sem encontrar uma relação com ele.

O que podemos tomar como legado do trabalho complexo e, ao mesmo tempo, aberto de Steiner? A própria palavra "legado" soa demasiado edificante para a vitalidade de seus textos, os quais irradiam um êxtase do pensamento em todas as suas frentes. Esse pode ser o êxtase de uma era intelectual cujo encerramento, que por muito tempo foi adiado, nós finalmente alcançamos. Praticar a formação como uma recusa fundamentada de todas as soluções concisas continua sendo seu hábito. Nisso, o obstinado George Steiner estava à frente de seus próprios contemporâneos – e talvez também até de nós.

Jürgen Habermas (1929-):
Energia intelectual da esfera pública alemã

Nenhum nome acadêmico alemão alcançou tanto reconhecimento global no último meio século como o de Jürgen Habermas. Seja em Tóquio, Jerusalém ou Buenos Aires, em todos os lugares ele pertence ao cânone de autores cujo conhecimento é pressuposto pelos artigos de jornal ou nas discussões das bancas acadêmicas. Mas quem quiser analisar seu perfil de uma forma mais apurada deve levar em conta aquelas velhas respostas – as quais raramente vão além dos estereótipos de filósofo mais conhecido da Alemanha ocidental ou de líder neomarxista internacional, isto é, para além das fórmulas cujo respeito educado substitui a paixão intelectual. Mas como pode ser descrita e justificada a significância do mais conhecido intelectual da Alemanha, atualmente em seu nonagésimo terceiro ano de vida? É de se esperar que sua aura – como aconteceu com proeminentes antecessores europeus, a exemplo de Niklas Luhmann ou Jacques Derrida – em breve se desvaneça em mera referência acadêmica?

Para entender a significância de Jürgen Habermas, é necessário olhar para sua vida, que condensa de forma exemplar a

história recente da Alemanha. Nascido em 1929 (no mesmo ano de Martin Luther King e um ano antes de Helmut Kohl), era filho de um pai nazista, austeramente protestante, bem-sucedido e ainda membro da juventude hitleriana – tanto que ele se vê como um "produto da reeducação norte-americana" pós-1945. Estudou em Göttingen e Zurique (como muitos jovens alemães da época), obteve seu doutorado em Bonn e, apesar de seu fascínio pelo neomarxismo da chamada Escola de Frankfurt, acabou por se habilitar na Universidade de Marburg por conta de um conflito com o diretor da escola frankfurtiana, Max Horkheimer. Durante os carismáticos anos 1970 da antiga Alemanha Ocidental, Habermas foi diretor de um ambicioso instituto de pesquisa de vanguarda no lago Starnberg, e retornou a Frankfurt em 1983, onde, em concorrência com o teórico dos sistemas de Bielefeld, Niklas Luhmann, alçou o cenário intelectual de seu país a uma intensidade inabitual – o que, ulteriormente, o fez ascender na república da Berlim reunificada como portador das mais altas honras internacionais de modo a se tornar o emblema de uma Alemanha democrática.

Mas os dados biográficos só remetem à fama de Habermas como um fato, não às suas possíveis razões. Pode nos iluminar, nesse sentido, aquela que provavelmente foi sua primeira publicação, aos 24 anos, em 1953, na *Frankfurter Allgemeine Zeitung*. Referia-se ele à edição de uma palestra de Martin Heidegger de 1935 em que este, sem cautela ou ponderação, falava da "grandeza e verdade interior do nacional-socialismo". Não apenas tal serenidade silenciosa "diante do crime factual do assassinato planejado de milhões de pessoas" ultrajava o jovem Habermas (era raro que palavras assim tão diretas fossem proferidas na Alemanha Ocidental); Habermas também professou sua admiração pela filosofia de Heidegger e a tensão que disso emergia: "Parece ser a hora de pensar Heidegger contra Heidegger".

A paixão do jovem professor Habermas por problemas em aberto logo alcançou as gerações "revolucionariamente inclinadas" que vieram a seguir. Em meu exemplar surrado de *Conhecimento e interesse*, de 1968, o primeiro de inúmeros e agitados trechos destacados leva a uma frase central daquele momento: "A análise da conexão entre conhecimento e interesse visa apoiar a afirmação de que a crítica radical do conhecimento só é possível enquanto teoria social". Na verdade, isto não foi muito mais que uma variante da onipresente referência à dependência que o conhecimento tem da perspectiva, mas, em Habermas, as palavras se tornaram projeto "radical" ou "crítico" – ambas sempre significaram "político" – da então por todos os lados celebrada sociologia. A isto se acrescentava o ritmo de uma escrita excepcional que marchava sempre em frente e que logo lhe rendeu o Prêmio Sigmund Freud de Prosa Acadêmica. Dessa forma, Habermas seguia uma venerável tradição alemã com a intenção de não sustentar uma distância entre o trabalho de pensamento engajado e o trabalho acadêmico marcadamente "científico". Pelo contrário, ele queria cultivar uma concepção diferente de "ciência", a qual deveria se consumar como "autorreflexão" no meio das "pós-construções" dos textos clássicos.

As consequências intelectuais de tal contrabalanço entre engajamento e cientificidade abstrata ficam claras nas cerca de 1.100 páginas da *Teoria da ação comunicativa*, escritas no período de Starnberg, que Habermas até hoje considera seu principal trabalho. Por um lado, para manter sua distância da "mera empiria" e, por outro, para evitar a acusação de que ele construiria suas representações normativas de "racionalidade comunicativa" por meio de "desvios fundamentalistas", ele embarca numa maratona labiríntica através de duzentos anos de história intelectual alemã, norte-americana e às vezes francesa, a qual o leitor acompanha como se fossem fichas de uma caixa de fichamentos com notas de leitura que soam de uma inteligência confiante, mas que dificilmente se deixam reduzir a argumentos sucintos. Ao fim de todas as "pós-construções" interpretativas, a promessa – igualmente esgotada – de uma "racionalidade comunicativa" retorna, agora com a esperança cautelosa de poder resultar em uma "feliz coerência de diferentes fragmentos teóricos". *O discurso filosófico da modernidade*, de 1985, parecia similarmente tautológico, defendendo o Iluminismo e a modernidade como, segundo Habermas, "projetos ainda inacabados" contra uma grande variedade de objeções igualmente "pós-construídas". O livro *Auch eine Geschichte der Philosophie*, publicado em 2019, supera até mesmo o volume de *Teoria da ação comunicativa* em inacreditáveis mil páginas e tenta comprovar a continuidade entre uma filosofia voltada para a totalidade da existência humana e sua pré-história teológica.

Jürgen Habermas, contudo, e isso é claro, já teria há muito tempo desaparecido como um professor emérito em algum nicho do mundo universitário se os esforços de sua vida se resumissem a esses textos. Não somente porque suas modestas camadas de inovação, em retrospectiva, evaporam, mas, sobretudo, porque sua orientação à esquerda liberal em vez de socialista domina, de qualquer forma, a sociedade alemã como uma opinião majoritária neste momento. O fato de Habermas ter permanecido presente em uma perspectiva internacional e, acima de tudo, nacional, deve-se ao temperamento que ressoa em seus primeiros escritos e que eu sempre vivenciei como seu ouvinte – por mais complicado que às vezes fosse compreender as palavras distorcidas de sua articulação prejudicada por uma má-formação congênita. Por outro lado, essa "especialidade pessoal" (como Habermas gosta de dizer em tom autodepreciativo) reforça uma impressão de presença que não pode ser recontada por teorias, projetos ou posições, e que, para além dos valores normativos, fez dele o intelectual mais emblemático da esfera pública alemã.

Habermas tem intervindo recorrentemente em discussões sobre temas muito diferentes com efeito inconfundível. Em 1986, quando a carga problemática da memória do nazismo ameaçava se evaporar em uma série de comparações tipológicas feitas por historiadores conservadores, Habermas provocou, com aquela mesma energia de seus textos juvenis, uma intensa discussão crítica. Em vez de suprimir as posições contrárias, ele as compeliu cada vez mais à diferença. Com *O discurso filosófico da modernidade*, Habermas havia se recusado a reconhecer a desconstrução de Derrida por conta de seu "nivelamento da diferença de gênero entre Filosofia e Literatura", precisamente porque temia – e com razão – que isso significasse que qualquer força vinculante da referência filosófica à realidade teria de se dissolver. Entretanto, sem jamais suspender o desacordo, buscou ao mesmo tempo a proximidade de Derrida nos debates europeus em andamento. Sobretudo, como o pensador "religiosamente não musical" que era (segundo seu próprio testemunho), Habermas iniciou a abertura do pensamento secular à liturgia e à teologia em uma discussão posterior com o papa Bento XVI em 2004. Nisso, começou a vislumbrar a pré-história de uma autocompreensão da filosofia que pudesse resistir à tendência acadêmica à especialização.

Assim, os três potenciais de tensão do pensamento de Habermas, que acabaram por não ser cumpridos em sua forma de livro – a saber, a fundação não fundamentalista da racionalidade comunicativa, o confronto do projeto da modernidade com a desconstrução e a empreitada de uma aproximação pós-secular entre Filosofia e Teologia –, encontraram, assim, suas descargas energéticas com três debates que mudaram para sempre o estilo político na Alemanha. Ao longo de quase sete décadas, Jürgen Habermas não apenas encarnou o papel do intelectual público, papel perdido no passado alemão, ele lhe deu uma nova forma. No lugar de condensar a atmosfera social de modo filosófico ou literário, como faziam os grandes autores do existencialismo engajado por volta de 1950, ele contribuiu de maneira decisiva – e possivelmente contra suas próprias intenções políticas – para a crescente complexidade dos novos horizontes emergentes de pensamento. O pensamento tornou-se uma fonte para alternativas à ação.

Esses efeitos não acadêmicos de um trabalho de vida acadêmico podem ser entendidos como uma versão prática dos dois argumentos principais da *Mudança estrutural da esfera pública*, tese de habilitação de Habermas publicada em 1962. Em primeiro lugar, como uma confirmação da intuição de que a esfera pública se desenvolveu, desde o século XVIII, justamente não através das intenções e estratégias programáticas de seus protagonistas, e sim, antes, do retorno e do cultivo de valores na esfera privada – tais como o temperamento pessoal de um autor. Em segundo lugar, com a crescente ênfase na complexidade intelectual enquanto resposta à questão de 1962 de como a esfera pública poderia sobreviver em um mundo das tecnologias de mídia e da incipiente globalização, a qual, a princípio, permaneceu aberta.

A realização de vida que dá a Jürgen Habermas o posto de uma figura histórica incomparavelmente importante – pelo menos para a minha geração – é o fato de ter revitalizado democraticamente a Alemanha, nação política que havia fracassado no início do século XX, inclusive por sua preocupação com o consenso e com a uniformidade. Seus livros filosóficos, por outro lado, podem vir a cair no esquecimento do atual *mainstream* intelectual alemão, o qual eles próprios, entre outros, ajudaram a conjurar.

Jacques Derrida (1930-2004): Nuvens de contornos reflexivos

Quando Jacques Derrida morreu, em outubro de 2004, já passara havia um bom tempo o ponto alto do fascínio relativo ao estilo de escrita filosófica que ele inventara. A intensidade das reações a sua morte já então sugeria que uma época intelectual havia chegado ao fim. No *New York Times*, que imediatamente publicou dois obituários, Derrida foi alçado como "o maior filósofo do século XX". Em paralelo, inúmeras universidades norte-americanas organizaram rituais acadêmicos em sua memória para permitir que seus admiradores se despedissem publicamente de seu herói. Com isso, eles davam prosseguimento a uma atitude quase religiosa que havia sido concedida até então a apenas alguns outros autores (nomes como Karl Marx ou Sigmund Freud), e que encontra expressão naquela mesma pergunta de sempre do leitor: "O que Derrida queria nos dizer?". Como se cada palavra saída de sua mão – à semelhança da palavra de um deus monoteísta – tivesse, desde sempre, sido dirigida a todas as pessoas (e, inclusive, à totalidade de sua posteridade).

Tais gestos, entretanto, não puderam frear, quanto mais reverter, o contínuo processo de declínio no qual a desconstrução já se encontrava. É verdade que, até hoje, em círculos politicamente corretos, sobrevive o hábito (algo derridiano) de falar dos autores com ostensiva deferência – talvez porque o estilo desses círculos ainda esteja associado à possibilidade de cancelar adversários intelectuais por meio de algumas poucas, mas crípticas, frases de impacto e, ao mesmo tempo, de se tornarem inatacáveis. Contudo, essa distância intelectual em rápido crescimento se converteu em uma impressão elementar de que dificilmente alguma abordagem filosófica do século XX terá menos significado para nosso presente do que a outrora semidivina desconstrução. O que está por trás desse movimento único de rápida ascensão e queda livre desprovida de quaisquer remorsos?

Derrida se tornou famoso em uma escala internacional da noite para o dia com três livros publicados em seu pessoalmente "milagroso" ano de 1967. Já em 1966, em uma conferência dedicada aos grandes pensadores franceses na universidade Johns Hopkins, sua crítica inovadora – e logo divulgada através de uma coleção de ensaios – do paradigma então dominante do estruturalismo o transformou de desconhecido jovem estudioso em novidade acadêmica. Hoje, olhando em retrospecto, vemos que, além disso, aquela "desmontagem" ("desconstrução") da reivindicação de objetividade típica do estruturalismo também poderia se dirigir ao marxismo, que ainda era bastante forte na cena das humanidades à época, mas que Derrida jamais menciona de maneira crítica. Já aí reside um primeiro componente – o qual é raro que seja assim explicitamente determinado – de seu sucesso.

Em segundo lugar, Derrida tinha desenvolvido sua tese como uma "crítica à metafísica" – isto é, como ceticismo diante de qualquer crença em uma apreensão objetiva do mundo – a partir de uma discussão com o método de Edmund Husserl de apreender formas fundamentais universais da consciência humana via introspecção. O método husserliano, segundo a monografia *A voz e o fenômeno*, remontaria ao princípio dos textos platônicos, os quais encenariam, em primeiro lugar, reflexões escritas sobre a consciência e sobre o mundo na forma de conversas. Pois é apenas dessa oralidade encenada que surgiria a ilusão de poder ouvir-se – objetivamente – e, assim, apreender-se a si mesmo como uma consciência inteira ou mesmo como "pessoa", algo que estaria na base da tradição europeia de apreensão do mundo. O deslocamento da atenção de Derrida do discurso oral para a escrita e para a leitura deveria significar uma abertura para a possibilidade de uma abordagem do mundo completamente nova, na qual o mundo nunca estaria dado como totalidade, mas apenas em fragmentos que, por sua vez, nunca se deixariam ser decifrados por completo. Com isso, tentava demonstrar que a certeza autorreflexiva é sempre dada apenas em uma fração de segundo de um respectivo momento presente de leitura (nunca em sínteses abrangentes) – e, sendo assim, não poderia ter quaisquer consequências para o conhecimento. Qualquer suposição de que o mundo poderia ser apreendido linguisticamente, incluindo todas as distinções conceituais claras, seria baseada no efeito ilusório das sínteses e deveria, portanto, ser rejeitada por sua ingenuidade.

O panorama de todas as objeções históricas e sistemáticas possíveis à crítica da metafísica de Derrida foi impiedosamente desdobrado por seus oponentes. Entretanto, todas as metacríticas não conseguiram contornar o efeito do talento com o qual, em especial na *Gramatologia*, seu livro mais longo e obscuro, ele retrabalhou aquela sempre mesma intuição filosófica em um discurso literariamente atraente que, ao longo das décadas, inspirou inúmeras tentativas de imitação. Esse discurso encontrou uma atmosfera intelectual, especialmente no clima universitário norte-americano, que alçou a desconstrução ao estatuto de um verdadeiro acontecimento naqueles anos pós-1968. Tal alçada se deu, em um primeiro momento, porque a proximidade aos textos no trabalho de Derrida (devo lembrar-lhes que seus ensaios com frequência soavam como se fossem recensões) convergia com a cultura da "leitura linha a linha", que se tornou norma nas humanidades norte-americanas a partir do final da década de 1920. Acima de tudo, porém, aquela primeira desconstrução encontrou, nos países ocidentais, uma geração de intelectuais que, profundamente desiludida com os movimentos políticos da União Soviética hegemônica, se encontrava diante do difícil passo de dizer adeus ao marxismo – marxismo que, em um momento anterior, era uma alternativa político-intelectual mantida com entusiasmo. O pensamento de Derrida lhes deu a chance de consumar tal despedida sem ter de tornar explícita sua nova – e talvez constrangedora – distância em relação ao marxismo. E, com o desmantelar da supostamente ingênua "metafísica", ele lhes deu, ao mesmo tempo, uma nova missão existencial.

    Não há dúvidas de que a desconstrução – junto com outros movimentos de pensamento críticos à metafísica da época, como o "pragmatismo" de Richard Rorty ou a "teoria dos sistemas" de Niklas Luhmann – teve sucesso em abalar o cenário autocomplacente das escolas filosóficas estabelecidas. No entanto, ela já tinha uma data de validade evidente desde seu princípio – porque seu ponto central da impossibilidade de distinções conceituais concisas podia ser aplicado inflacionariamente a tudo e qualquer coisa. No longo prazo, a ameaça decisiva à reputação de Derrida se provou ser não, de modo algum, uma falta de competência qualquer de sua parte, e sim sua amigável inclinação a ir longe demais para acomodar cada uma das projeções dos leitores que haviam passado de admiradores a crentes (não foi por acaso que, na época, falava-se, na França, da *chapelle déconstructiviste* [capela desconstrutivista]).

Em três visitas a Stanford durante a última década de sua vida, Jacques Derrida nos passou a impressão de ser, sobretudo, um colega moderado cujo trato lembrava aquele de um diplomata ou do proprietário de uma vinícola. Sua presença não tinha nada a ver com o semblante profético das capas dos livros, com aquele olhar extático que se dirige para o além. Nós, universitários norte-americanos, ficamos, em consequência, ainda mais surpresos com o protocolo cerimonial de um ritual que surgiu após a discussão de Derrida com os doutorandos, que pacientemente aguardaram em fila para apertar a mão do mestre em grato silêncio, e foram recompensados por momentos de contato visual tão silencioso quanto. A maioria dos discípulos californianos adicionou, aos olhares silenciosos, a entrega de envelopes, que o convidado aceitava com uma reverência aparentemente cortês. Alguns de nós, espectadores da cena, desconfiávamos do que poderia ter se tratado aquela coreografia. No início de 1982, Derrida havia sido preso durante uma visita à então Tchecoslováquia por suspeita de posse de drogas, tendo sido liberado logo em seguida. O grito internacional de indignação foi logo acompanhado pela identificação de um implícito entusiasmo com um autor que, aparentemente, escrevia seus textos sob a influência de drogas.

Desde esse episódio, Derrida me contou, meia hora depois de seu seminário, durante o caminho para o hotel, que tais envelopes haviam se tornado parte de uma rotina de suas aparições como convidado – porque ele não podia admitir a seus generosos seguidores que intoxicantes nunca haviam feito parte de sua vida. Então, baixou a janela de meu carro e se livrou dos presentes, que voaram ao vento formando uma pequena nuvem branca. Algo parecido deve ter acontecido com os textos e ideologias prediletas de sua comunidade de leitores. Jacques Derrida apenas achou difícil desapontar as expectativas e se distanciar das projeções sustentadas por sua simpatia. Isso explica por que ele escreveu tantos ensaios e livros relativos a temas sobre os quais pouco tinha a dizer. Talvez os exemplos mais marcantes sejam a comparação desesperadamente engenhosa entre o romance *Ulisses*, de James Joyce, e o som de um gramofone, bem como o trabalho tardio sobre Karl Marx, com seus trocadilhos intermináveis que decorrem daquela conversa do comunismo como um "fantasma" do *Manifesto* de 1848. Tais textos estão hoje – com razão – esquecidos por completo.

Nesse meio-tempo, os filósofos que antes jogavam com a crítica derridiana da metafísica agora se voltaram a uma nova seriedade e a um novo realismo conscientes de suas limitações. Para autores como Kwame Anthony Appiah em Nova York, Bruno Latour em Paris ou Markus Gabriel em Bonn, a impossibilidade de análises "objetivas" no sentido tradicional é tão clara quanto a necessidade de se chegar o mais próximo possível delas. A referência inflacionária da desconstrução no que se refere à ilegitimidade de distinções conceituais precisas se reduziu, por conseguinte, a uma irônica lembrança de um passado distante no qual um mundo culturalmente sólido ainda tolerava tais desvios filosóficos disfarçados de seriedade. Falando por metáforas, os textos de Derrida se desfazem ao vento do presente, tal qual nuvens brancas de uma filosofia dos amenos tempos do passado.

Richard Rorty (1931-2007) e Hans-Georg Gadamer (1900-2002): Perda do ponto de fuga como origem da amizade

Seu nome completo soa quase monumental: Richard McKay Rorty. E o filósofo norte-americano, que morreu em 2007, de fato nos deixou uma imponente obra que ainda hoje é lida em todo o mundo. A vida privada de Rorty foi marcada por contradições – em sua maioria simpáticas. Quando, em 1998, ele aceitou uma proposta de Stanford feita à Universidade de Virginia, provocou como reação uma surpresa que rendeu até mesmo uma reportagem de primeira página no *New York Times*. Na Califórnia, Rorty logo acomodou nas paredes de sua garagem uma extensa biblioteca especializada. Diante disso, alguns de seus novos vizinhos se perguntavam se ele estava seguindo um mito da indústria eletrônica local de que os melhores produtos – e ideias – são invariavelmente criados em garagens. Antes da coleção ser, mais tarde, entregue à biblioteca de Stanford, a viúva de Rorty convidou uma série de colegas e amigos para escolher um livro como presente memorial. Eu me interessei por uma cópia da tradução inglesa de *Verdade e método*, o principal trabalho do pensador alemão Hans-Georg Gadamer, que morreu em 2002

Richard Rorty

Hans-Georg Gadamer

aos 102 anos. Fui atraído pelo sublinhado de Rorty ao longo de todo o texto e pelas margens preenchidas com comentários. Ele devia ter tido dificuldades com aquele livro.

De uma perspectiva histórica, os indícios de seu fascínio como leitor parecem bastante surpreendentes. Trinta e um anos mais jovem que Gadamer, que nasceu em 1900, Rorty havia sido educado na disciplina do pensamento estritamente lógico para se tornar um filósofo analítico – um desses intelectuais profissionais, ou seja, aqueles que, a partir do início do século XX, substituíram a tradição ocidental de livre (e nem sempre produtiva) especulação, concentrando-se, por assim dizer, em problemas técnicos de detalhes acessíveis apenas a especialistas científicos. Eles sacrificam a possibilidade de uma mais ampla ressonância ao sentimento (ou à ilusão) de produzir certos resultados de trabalho destinado a um pequeno círculo de copensadores competentes. Nesse contexto, Rorty desde cedo marcou uma posição como organizador do volume *The Linguistic Turn*, de 1967, que desde então se tornou incontornável para muitos de seus colegas nos Estados Unidos e no Reino Unido. Uma vez que não podemos alcançar conhecimentos seguros sobre a constituição daquele mundo ao qual nos referimos linguisticamente, recomendar-se-ia que o pensamento treinado se preocupasse apenas com o surgimento de esboços de mundo consolidados pelo uso do idioma. O ponto de partida de Gadamer, por outro lado, havia sido o de um retorno altamente especulativo ao pensamento de Kant que ocorreu nas universidades alemãs após a Primeira Guerra Mundial, até que ele, como estudante em Friburgo, caísse sob o feitiço do existencialismo de Martin Heidegger. A concepção de história de Heidegger o inspirou a elaborar reflexões sobre a apropriação das tradições culturais.

Mas foi só em 1960 que elas foram reunidas em um livro sob o título de *Verdade e método* e encontraram ampla ressonância na condição de um trabalho padrão de uma nova teoria do entendimento.

O contraste entre as personalidades dos dois filósofos era ainda mais drástico. Gadamer impressionava cada interlocutor com um encanto irresistível. É provável que isso explique por que ele supôs que, em conversas, a compreensão e a solidariedade sempre poderiam ser alcançadas. Algumas semanas antes de sua morte, eu o vi, em seu bar de vinhos favorito em Heidelberg, solicitando com educação (e todas as letras!) a um colega que "calasse a boca por dez minutos" sem gerar o menor ressentimento. Gadamer, assim como Rorty, conquistou a admiração de seus alunos com palestras arrebatadoras e sempre proferidas livremente, mas, no horário de expediente e nos encontros pessoais, Rorty era tão contido que inevitavelmente passava a impressão de que estava sendo aborrecido. Para neutralizar essa deficiência, nas festas de aniversário que organizava todos os anos para sua esposa ele se amarrava em um avental para que pudesse, no papel de garçom, ao menos conversar com os convidados sobre bebidas. A insegurança de Rorty e o encanto de Gadamer podem ter surgido como processamentos opostos de traumas similares. O pai de Gadamer, um proeminente farmacologista e reitor universitário, governava a família com princípios morais férreos, enquanto Rorty sofria com a excentricidade social de seus pais intelectuais de esquerda, por mais fiel que tivesse se mantido às suas posições políticas ao longo de sua vida.

A semelhança entre suas histórias de juventude pode tornar plausível a forma como puderam as reflexões dos dois filósofos convergir a longo prazo. Doze anos após o volume *The Linguistic Turn*, surgiu *A filosofia e o espelho da natureza* como um manifesto das consequências extraídas por Rorty a partir de seu afastamento da "ilusão metafísica" (como se diz na academia), isto é, de uma crença em um mundo fora da linguagem. Tudo o que nos resta sem essa "realidade", escreveu ele, são repertórios de conceitos específicos para cada situação, com os quais falamos uns com os outros e coordenamos nosso comportamento. Mas como a "consciência autoirônica" dessa "contingência de tais vocabulários" torna impensável qualquer pretensão absoluta à verdade ou à moralidade, Rorty os associou a uma esperança ulteriormente utópica de uma coexistência mais pacífica. A única diretriz moral deveria ser a capacidade de identificação com o sofrimento das outras pessoas.

Em uma palestra para celebrar o centenário de Gadamer, Rorty tentou, então, mostrar como essas conclusões chegaram perto do movimento de pensamento do colega alemão, o qual Rorty havia conhecido trinta anos antes ao participar de seus cursos privados dados em Washington. Desde *Verdade e método*, Gadamer também teria renunciado à premissa de que poderia haver formas seguras de conhecer uma realidade fora de nossa consciência, afirmou Rorty. Essa ideia teria motivado o desenvolvimento conceitual gadameriano do ato de entender como o elemento fundamental de uma conversa sem fim. O entender, enquanto antecipação da intenção do outro, está sempre conectado com sua "interpretação" e uma "aplicação" às próprias premissas de vida (Gadamer as chama – sem uma acepção negativa – de "preconceitos"), o que, ao fim e ao cabo, se torna necessariamente um enriquecimento da própria visão de mundo (em Gadamer, uma "fusão de horizontes").

De fato, a concepção de conversa de Gadamer e a tese de Rorty sobre a multiplicidade de vocabulários sociais contingentes mostram uma convergência que poderia ser chamada de "construtivista". As pessoas sempre precisam, primeiro, construir seu mundo, em vez de apenas tomá-lo como dado. Mas o que significa, para o status de seu pensamento, que justo esse "construtivismo" tenha recuado rapidamente durante as últimas décadas? Nosso novo presente – cujas tecnologias e culturas aboliram, por um lado, todas as necessidades e comprometimentos (por exemplo, noções estreitas de moralidade sexual) e, por outro, transformaram muitas representações do impossível em opções realistas (por exemplo, através da realização eletrônica da onisciência ou onipresença) – sofre, sobretudo, da impressão de uma arbitrariedade de todas as opções e decisões que compõem a vida cotidiana. Tudo o que é também pode ser diferente, o sexo, a idade, o humor, o sistema, o desejo, as necessidades. É por isso que, na vida cotidiana, ansiamos por orientações vinculativas, no lugar de, justamente, uma abertura rortyana da consciência irônica ou uma conversa infinita gadameriana. Tais motivos parecem ser uma variante amigável de niilismo diante de uma necessidade de vinculação que, no entanto, também se tornou a matriz de vários novos fundamentalismos na política. Será difícil realizar um caminho de volta filosoficamente aceitável às realidades não arbitrárias tendo o construtivismo como horizonte. Entre o terror da contingência e a nostalgia do vínculo, o presente intelectual descartou, portanto, posições construtivistas como as cartas de um jogo que saiu de moda.

Certamente, na torre de marfim da vida acadêmica, o uso irônico de qualquer número de "repertórios conceituais" e "conversas infinitas" permanecem virtudes que desafiam e desenvolvem a flexibilidade e a nitidez do pensamento das novas gerações de estudantes. Nada contribui mais para a alfabetização filosófica do que a prontidão em reconhecer o dissenso e a concordar com ele ("*agree to disagree*", como se diz nas culturas anglo-americanas), e, a partir de pontos de partida opostos, tanto Gadamer quanto Rorty chegaram a essa mesma convicção orientada para a prática. Porém, fora do mundo universitário, é provável que os livros construtivistas estejam hoje mais bem guardados em garagens ou estantes privadas – e isolados da vida política cotidiana. Eles se encontram em uma proximidade completamente perigosa (e quase nunca mencionada) daquela crescente tolerância pública a "verdades alternativas" e *fake news* sobre a qual os intelectuais, em particular, reclamam constantemente. Como se pode traçar uma linha dura de não aceitação das "verdades alternativas" se é permitido que os repertórios conceituais sejam arbitrários e que todas as convenções possam ser revisadas na esteira de uma conversa sem fim?

Com suas publicações tardias, Hans-Georg Gadamer e Richard Rorty também se aproximaram, assim, de um horizonte de pensamento que não fosse construtivista – mas lhes faltou tempo para elaborar tais intuições. No caso de Gadamer, foram duas conversas até hoje pouco lidas nas quais ele descreve a "participação" em obras-primas da cultura do passado. Às vezes isso nos leva, diz ele, a momentos filosóficos que "nunca chegam ao conceito" e que, por isso mesmo, nos permitem pressentir "realidades últimas". Tais pressentimentos, afirma Gadamer, também poderiam ocorrer em encontros individuais quando realidades – de dor, de alegria, de pensamento – tornam-se presentes para nós em uma outra pessoa precisamente porque elas estão além do alcance da linguagem como meio social.

Em novembro de 2007, cinco meses após a morte de Rorty, um pequeno texto foi publicado sob o título *The Fire of Life*, no qual ele conta como um parente e pastor lhe perguntou se havia textos que ele, diante da morte, lamentava não ter lido (a questão, é claro, era levá-lo — enquanto ainda havia tempo — a ler a Bíblia). O filósofo respondeu que não, pois já havia — para as necessidades de sua experiência — lido textos filosóficos e literários importantes o suficiente. No máximo, seria bom ter aprendido mais rimas infantis de cor e agora ser capaz de recitá-las, visto que lhe teriam dado um último novo horizonte de conceitos e, assim, enriquecido sua vida. Talvez Rorty tenha sucumbido a um mal-entendido — construtivista — no que diz respeito à origem de seus lamentos. Pois ele parecia mais preocupado com as rimas e o ato de recitá-las — aquilo que o falecido Gadamer chamou de "volume" dos poemas, um volume que "não é absorvido pela mera intenção de sentido" — do que com os conceitos. Com rimas e ritmos os poemas atraem nossa atenção, porque neles uma substância do som se revela e, ao mesmo tempo, se retira, algo que os conceitos de filosofia não são capazes de captar. Ao contrário das conversas, a recitação de poemas sempre chega a um fim, mesmo que a realizemos de novo e de novo. Sua execução linguística é certa ou errada — e não arbitrária, como os filósofos analíticos também reivindicam para suas descrições. Mas se Rorty e Gadamer estavam no limiar da abertura para um novo realismo filosófico, nunca saberemos.

Karl Heinz Bohrer (1932-2021): O último esteta

Colóquios de humanidades e todas as outras formas de discussão que visam "consenso" nunca foram do gosto de Karl Heinz Bohrer. Quando foi convencido a comparecer a um desses eventos, sua distância ficou drasticamente visível. Bohrer, então, usando óculos escuros e com o chapéu à frente, sentou-se entre seus colegas, pronto para ser pego. As rugas que subiam quase que verticalmente dos cantos de sua boca pareciam sinalizar críticas permanentemente profundas ou mesmo um desprezo pelos tópicos e teses que estavam sendo discutidos, mas ele nunca rompeu os limites elementares da cortesia formal. Pelo contrário, em tais situações, somente Bohrer, com sua alta estatura, era capaz de fazer valer a dignidade elegante de um terno de abotoamento duplo. Tão logo, porém, chegou o momento de sua palestra, ele se dirigiu resolutamente à mesa e trocou seus óculos de sol por óculos de grau de modo a ler o complicado texto de um manuscrito com sua característica velocidade, que sempre sobrecarregou e, ao mesmo tempo, fascinou o público.

E cada gesto seu demonstrava o quão pouco ele se importava com as perguntas de seus ouvintes.

Os cursos de Bohrer, para os quais ele se preparava muito intensamente lendo seus exemplares próprios (ele desprezava livros emprestados das prateleiras de bibliotecas), com certeza eram da mesma natureza monológica e, inevitavelmente, acabavam por se tornar palestras. Com frequência, as aulas excediam os limites de tempo estabelecidos – e no caso de apresentações na versão peculiar da língua inglesa que ele falava, excediam até mesmo a capacidade de compreensão dos ouvintes. Mas nenhum dos estudantes deixava a sala, porque ninguém os inspirava com intensidade semelhante e os encorajava a pensar por si próprios como Bohrer. Aqueles que estavam familiarizados com o estilo também sabiam, em sua maioria, onde poderiam encontrá-lo mais tarde para alguns copos de vinho (não muitos). Lá, Bohrer não usava óculos escuros e ouvia, de maneira amigável, o que os mais jovens tinham a dizer. De vez em quando, com uma concentração que valia como elogio implícito, ele tecia comentários sobre problemas literários ou filosóficos e desembocava, enfim, com um tom monológico muito diferente, nas lembranças de sua infância em uma família de classe média-alta de Colônia, dos seus anos no internato de elite Birklehof, na Floresta Negra, ou de seu período em Londres na condição de correspondente estrangeiro alemão. A melodia de seu sotaque coloniano tornava-se então inconfundível e lançava suas imagens em uma luz que passava uma impressão de brilho, mas nunca de clareza. Nos livros *Granatsplitter* e *Jetzt*, Bohrer encontrou uma forma escrita equivalente a essa sonoridade, a qual se impõe como uma bela imediatez autobiográfica contra todas as intenções de alienação (o subtítulo de *Jetzt* é "Minha aventura com a fantasia").

Bohrer era um homem de dimensões opostas que necessariamente copertenciam à sua individualidade. Na primeira manhã de uma visita conjunta ao Rio de Janeiro (à ocasião de um colóquio), ele se proibiu "de uma vez por todas de continuar a se preocupar com excursões à natureza exótica" e empreendeu um "passeio" solitário ao longo das ruas ao mesmo tempo desertas e ameaçadoras do centro degradado da cidade. Naquela mesma noite, forneceu a seu amigo, que havia sido acometido por uma insolação, toalhas limpas de seu quarto de hotel. Tais contrastes harmoniosos se imprimiram como estrutura e ritmo na vida de Bohrer.

Após concluir o ensino médio no Birklehof, ele estudou Letras Alemãs, História e Filosofia com autoridades acadêmicas da Alemanha do pós-guerra e, depois de seu doutorado em Göttingen, quando realizou uma tese sobre literatura romântica, deveria iniciar uma carreira como professor universitário. Porém, em vez disso, Bohrer continuou a trabalhar como crítico literário na imprensa *feuilletonista*, o que, na época, deve ter parecido um protesto contra a vida acadêmica. Em 1968, foi nomeado editor responsável pela seção de cultura da *Frankfurter Allgemeine Zeitung*, cuja aura, que ainda hoje brilha discretamente, ele estabeleceu. À diferença de Jürgen Habermas (quem ele muito estimava) e outras figuras da mesma geração, Bohrer também acompanhou o "movimento" juvenil e estudantil daqueles anos com certo distanciamento político e uma simpatia estética por gestos excessivos – que admirava, particularmente, em Ulrike Meinhof, da Fração do Exército Vermelho (RAF), a qual logo foi condenada como terrorista. No auge de sua influência pública, porém, Bohrer começou a preparar uma tese de habilitação sobre a "estética do terror" no trabalho do jovem Ernst Jünger, que apresentou em 1978 em Bielefeld e que fez dele professor na mesma universidade, em 1982. Esse título, que Bohrer gostava de usar para si e para seus colegas, bem como o prestígio residual a ele associado, foram motivo de orgulho para ele até o fim de sua vida.

Durante os anos de uma transição ao mesmo tempo dura e suave de seu trabalho como crítico cultural para os estudos literários, Bohrer encontrou seu caminho para uma posição de estética filosófica que se estabeleceu como sendo fundamental na compreensão do efeito da literatura e da arte – totalmente independente da oposição entre assentimento e resistência. Dois livros, de 1981 e 1996, intitulados *Plötzlichkeit – Zum Augenblick des ästhetischen Scheins* e *Der Abschied – Theorie der Trauer*, emolduraram seus pensamentos. Bohrer apreendia aquele motivo clássico, e que havia sido acentuado desde o Romantismo, da "autonomia" da experiência estética em relação à vida cotidiana, com uma nitidez jamais antes vista. O conceito temporal de "repentino" pretendia, acima de tudo, enfatizar a descontinuidade categorial com que qualquer fascinação literária e artística adentra nossas vidas. A partir de poemas de Charles Baudelaire, Bohrer desenvolveu, mais tarde, a percepção complementar de que também o fim de tais momentos se consuma sem vibrações desvanecentes e sem quaisquer consequências para o comportamento moral ou prático.

Pelo contrário, ele deixou a questão do conteúdo ou mesmo do ganho existencial da experiência estética intocada. Apenas suas excentricidades foram, em variações sempre novas, desdobradas e enfatizadas pelo seu trabalho. É por conta disso que sua teoria tem sido rotulada como um "niilismo estético", ideia que o próprio Bohrer nunca propagou explicitamente com essas palavras. Em lugar de uma resposta à pergunta de conteúdo aberto, ele provavelmente encontrou – se é que alguma vez tenha se importado – uma reação individualmente encarnada. Isso ficou claro em sua tendência por vezes obsessiva em se apegar a certas formas institucionais existentes. Nisso residia, sobretudo, a matriz da aparência aristocrática de Bohrer, com seus óculos escuros e o elegante terno de abotoamento duplo, mas também a razão de suas palestras realizadas de maneira convencional, os brilhantes seminários sobre-elaborados e o status de seus papéis exercidos tanto no *feuilleton* quanto na universidade. Foi, provavelmente, justo essa frente estável que lhe permitiu seus momentos de afeto pessoal e amizade.

A isso correspondia o jogo contrastante entre a ênfase nas formas e uma ausência de orientações ou valores mais elevados, de modo que, no trabalho do tão incomparavelmente lido Bohrer, não havia qualquer cânone de autores favoritos. Qualquer texto e qualquer gênero que, com elementos excêntricos, pudessem ilustrar a descontinuidade entre a experiência estética e a vida cotidiana ganharam sua atenção. Os momentos de terror das tragédias gregas e dos dramas históricos de Shakespeare; a ironia dos poemas de Heinrich Heine e a alienação das imagens parisienses nos sonetos de Charles Baudelaire; as implacáveis descrições cheias de ódio na prosa de Jünger, Céline ou Houellebecq. Ao lidar com as inesgotáveis provocações de tais fenômenos, Bohrer não dava muita atenção à coerência de seus próprios pontos de vista, métodos ou estilos intelectuais. O ritmo, a tensão e o tom de uma escrita que tinha de inequívoca apenas a característica de tornar presente sua voz profunda dependiam dos objetos que ele desejava evocar. Sem jamais se tornar inoportuno, Bohrer se entusiasmou com obras excepcionais, se permitiu zombar dos episódios de constrangimento social que vivenciou, suas palavras seguiram o surgimento da diferença estética em contextos bastante insuspeitos.

É provável que essa proximidade sem limites ao conteúdo da observação explique por que algumas percepções e intuições de Bohrer entraram no repertório da língua alemã. Devemos a ele o escárnio da palavra "*Gutmenschentum*", "bom-samaritanismo", por exemplo, ou, no futebol, o suspiro entusiasmado com os passes feitos (e também as soluções tiradas) "das profundezas do espaço". Com sua entrada nos róis das Ciências Humanas, os quais considerava demasiadamente sagrados, e com a ressonância pública que adquiriu, mesmo com demonstrativa resistência de sua parte, Bohrer já havia se tornado uma instituição nacional na metade de sua vida.

De 1984 a 2011, ele fez da revista mensal *Merkur* o epicentro dos movimentos intelectuais na Alemanha e pôde contar com o coeditor Kurt Scheel, cuja atenção incansável aos detalhes lhe permitiu manter (e não apenas intelectualmente) uma distância engajada. Em uma nova reviravolta individual, o *Merkur* pôde se tornar, para ele, o palco de um novo patriotismo, que ele ousou, desenvolveu e, contra inúmeras resistências, cultivou, embora – ou justamente porque –, enquanto residente de Londres, Paris, Stanford (que queria vinculá-lo permanentemente) e depois Londres outra vez, tenha limitado sua presença na Alemanha a visitas ocasionais a Berlim, nas quais se hospedava no Askanischer Hof na Kurfürstendamm.

A condenação da história alemã por uma geração – minha geração – nascida duas décadas depois de Bohrer e imediatamente posterior ao colapso do nazismo provocou nele uma contradição patriótica. Ele tinha em mente uma relação diferente com o passado nacional, demonstrada por um de seus mais extraordinários ensaios, dedicado aos heróis de 20 de julho de 1944. O texto abre com uma rejeição incondicional de toda especulação que tenta extrapolar, da tentativa fracassada de atentado contra Adolf Hitler, um anseio por um futuro democrático. Bohrer declarou que a única coisa relevante que se relacionava a um passado nacional era o fato de ter havido um plano de descontinuidade – motivado pelo conservadorismo nacionalista –, um plano para acabar com tal dominação fatal pela força.

Em nossas conversas por telefone durante o último ano de sua vida – modalidades de comunicação eletrônica estavam fora de questão para ele –, Bohrer falava quase que exclusivamente sobre a *Canção dos Nibelungos*. Ele estava particularmente tomado por Hagen e uma cena em que o assassino de Siegfried coloca a mão na espada e olha para a terra alemã. Todas aquelas paixões da existência de Bohrer, as antigas e as sempre novas, se condensavam naquela forma individual. Ele havia passado seus anos em Paris com Undine Grünter, autora de grandes romances da vanguarda literária. Após a morte dela, casou-se com Angela Bielenberg, de Londres, cujo pai, Fritz-Dietlof von der Schulenburg, havia sido executado após um julgamento de fachada por ter feito parte do grupo de conspiradores do atentado de 1944. Bohrer raramente falava de tal presença viva da história e da literatura alemãs. Mas graças à intensidade de sua prosa, alguns traços dela se tornaram objetivos e permaneceram acessíveis para nós. Intelectuais como ele não encontram sucessores. Eles encarnam o paradoxo de ter existido, ao mesmo tempo, como figuras típicas de seu tempo e como indivíduos sem tipologia.

Friedrich Kittler (1943-2011):
O gênio das previsões refutadas

Somente uma vez o nome de Friedrich Kittler foi visto fora dos campos das Ciências Humanas e dos Estudos Culturais, que permanentemente anseiam por circulação pública, e isso se deu nos dias seguintes à sua morte, aos 68 anos de idade, em 18 de outubro de 2011. A mídia alemã dedicou extensos obituários em admiração ao pensador alemão das mídias. Falavam de uma imensa gratidão por um homem que era tido em alta conta pela sua reputação de ter inventado os chamados Estudos de Mídia. Mas algumas coisas mudaram desde então – é verdade que as mídias continuam se expandindo, mas os Estudos de Mídia seguem sendo um assunto exótico fora da Alemanha, e os escritos de Kittler estão, atualmente, num declive escorregadio, em vias de se tornar uma pista privilegiada de um momento passado. Pode haver uma razão contemporânea para que os não especialistas leiam e discutam seus pensamentos hoje?

Se existir, ela é, em um primeiro momento, eclipsada pela figura colorida de Friedrich Adolf Kittler, nascido em 1943, que soube se apresentar como um pensador genial com

conhecimentos arcanos. Já em seus primeiros anos como estudante, ele escreveu centenas de ensaios – agora editados com precisão filológica –, cuja erudição de tirar o fôlego irradia através de brilhantes raios de inteligência. Como ocorreu a tantos outros pensadores de primeira classe, ele inicialmente se encontrou no carismático papel de vítima do gênio não reconhecido quando as autoridades universitárias alemãs de Friburgo lhe recusaram a habilitação em sua primeira tentativa. Hoje, Kittler é considerado não apenas um fundador da disciplina, mas também um vanguardista de uma então nova sensibilidade cultural para objetos da história da técnica, desde as primeiras máquinas de escrever e rádios transistorizados aos computadores da primeira geração. Seus seguidores, por vezes apaixonados, tentavam descobrir nele um programador visionário, aqueles que faziam diagnósticos de época queriam ver nele um profeta murmurante, e os milhares de ouvintes de seus cursos (para quem os concorrentes acadêmicos deram o nome malicioso de Juventude Kittleriana), almejavam tratá-lo como uma experiência edificante pura e simples. Finalmente descoberto e reabilitado por sua instituição, Kittler havia sido elevado e tornado professor catedrático da Universidade Humboldt em Berlim.

Após dois livros publicados no início dos anos 1980 sob os títulos de *Aufschreibesysteme 1800/1900* e *Gramofone, Filme, Typewriter*, as obras de Kittler se consolidaram para uma comunidade rapidamente crescente de leitores como o trabalho de continuação de uma nova forma de história. Nisso, máquinas e consciência, manualidades técnicas e inspiração artística devem se condicionar em sistemas complexos mutuamente dependentes e, por conseguinte, impulsionar mudanças históricas. Tornou-se famosa a tese de Kittler segundo a qual a filosofia de Friedrich

Nietzsche – que ele admirava incondicionalmente – não poderia ter surgido sem as teclas redondas da máquina de escrever, pois apenas sua forma e distribuição de letras teriam possibilitado suas excêntricas combinações de pensamentos.

Em pouco tempo, esse discurso desenvolveu seus próprios fios condutores, o que aumentou ainda mais seu fascínio – e, com isso, pareceu confirmar a impressão de que, aqui, um diagnóstico definitivo do presente técnico-tecnológico estava em vias de ser realizado. Por um lado, existia a afirmação – excepcionalmente distante de um discurso pacifista para um intelectual acadêmico – de que as guerras do início do século XX haviam inspirado todos os importantes avanços das ciências naturais e da engenharia (com um papel especial reservado para as forças armadas nazistas). Por outro lado e sobretudo, delineava-se também o prognóstico de que, no curso desse desenvolvimento, a consciência humana deveria se tornar cada vez mais marginal, mesmo irrelevante, até que, em última instância, apenas as máquinas mutuamente interligadas determinariam – fatidicamente – o futuro dos seres humanos e de seu planeta. Qual poderia ser mais exatamente nosso destino sob tais condições é deixado em aberto por Kittler; decisivo, para ele, era a ideia de uma otimização funcional dos sistemas do futuro após a exclusão da consciência.

Com as conferências *Die Nacht der Substanz* (realizada em Berna em 1989) e *There Is No Software* (sua contribuição para um colóquio em Stanford em 1991), além de sua proposta ainda mais abrangente de excluir até mesmo o software (um resíduo da consciência) da história da tecnologia enquanto história cultural, a nova mitografia da mídia logo atingiu um clímax com contornos distópicos. Durante nossas agitadas pausas para fumar um cigarro, ele sempre abordava, mostrando preocupação, o caos e a superficialidade da minha prática eletrônica. Para os leitores, tais visões não poderiam ser mais obscuras, enquanto Kittler, por vezes, ia ainda mais longe, a ponto de fazer da competência em programação e de uma arrumação ordenada do disco rígido pré-requisitos éticos para qualquer tipo de uso do computador. Não havia nada que ele e sua juventude desprezassem mais do que o design e a tela da Apple, o mouse e qualquer outra variante de usabilidade facilitada – que eles consideravam sintomas de uma frouxidão existencial. Em meados dos anos 1990, Kittler parecia ter passado ao largo do desenvolvimento industrial e intelectual do Vale do Silício, e sua nova mitografia da mídia era refutada como um drástico erro de avaliação.

Pois a visão eletrônica de Steve Jobs, que era muito mais amigável e, acima de tudo, mais voltada para a prática, havia ascendido para o primeiro plano. Mediados por laptops cada vez mais manuseáveis, o – supostamente inexistente – software e a – supostamente excluída da história – consciência humana entraram numa relação de mútuo aprimoramento de desempenho, que no uso diário do computador não estava mais atrelado à competência em programação. Fenômenos como o GPS, serviços como a Amazon e, sobretudo, gerações de iPhones que agregam mais e mais funções mudaram fundamentalmente o mundo de bilhões de contemporâneos – e fizeram do pensamento de Martin Heidegger sobre a "manuseabilidade do mundo" (bem como da imagem religiosa do "mundo nas mãos de Deus") uma realidade concreta e universalmente acessível. Para o conceito kittleriano da "noite da razão", o que restava era, na melhor das hipóteses, o status de ser um pano de fundo contrastante, o qual poderia aprimorar o olhar para formas e dimensões de uma competência midiática antes de tudo relaxada, algo que há muito se tornou a realidade cotidiana dominante. Como um outrora gênio dos Estudos de Mídia, Kittler poderia ter se sentido machucado, se não até mesmo humilhado, pelo triunfo da usabilidade amigável – sem jamais admitir sua derrota intelectual.

Justo nessa época, no bom estilo acadêmico alemão – e com conceitos heideggerianos –, Kittler voltava à Antiguidade grega e começava a trabalhar em vários volumes que deveriam repensar a história da cultura e da técnica sob o fio condutor "Música e Matemática". Partes da Juventude Kittleriana reagiram a essa suposta descontinuidade como se fosse uma traição – ou como o início de uma decadência intelectual irreversível. Estou convencido, ao contrário, de que nos dois primeiros volumes desse monumental projeto, os quais Kittler ainda teria tido tempo de completar, surge uma intuição filosófico-existencialista que pode se tornar importante para nós na vida cotidiana amigável – e que provavelmente nunca teria surgido sem seu erro de avaliação anterior.

O novo Kittler da maturidade estava tão apaixonadamente entusiasmado com a épica de Homero que quis derivar a origem do alfabeto vogal linear dos esforços contemporâneos para registrar os versos da *Ilíada* e da *Odisseia* em mídia escrita para além da vigorosa tradição oral. A qualidade literária havia, assim, tomado a posição funcional da otimização sistêmica como força motriz da mudança histórica. As vogais, não representadas no repertório de formas de escrita anteriores, deveriam significar o polo da voz, da música, da sensibilidade e da feminilidade, enquanto a articulação linear das vogais e consoantes levou ao contrapolo masculino da matemática por meio das estruturas da sintaxe, forma/verso e ritmo. Surpreendentemente, esta proposta trouxe a Friedrich Kittler mais respeito por parte de algumas autoridades dos estudos clássicos do que ele havia recebido de engenheiros e programadores, os quais tanto cortejava. Mas a tese sobre o surgimento de nossa cultura escrita é uma mera pré-condição para a relevância presente de seu pensamento.

É decisiva sua intuição de que a Antiguidade pré-socrática, enquanto cultura que flutuava entre os polos da música e da matemática, foi a precursora da atual técnica informática e seu mundo. Essa ideia surge em um texto publicado alguns meses antes de sua morte. Kittler lá diz:

> A técnica informática aparece como uma combinação de hardware e software, física e lógica, que substitui os distantes deuses fugidos. Zeus foi, ao mesmo tempo, a imensa glória celestial sobre a Grécia e o relâmpago que tudo controla. Só deuses e computadores são capazes de prever hoje o céu azul ou as trovoadas que serão o tempo de amanhã.

Formulada na linguagem de nosso presente de forma mais abstrata e resoluta: o duplo estatuto dos deuses gregos, que se articulam na beleza, mas também nos perigos da natureza, deveria corresponder à bidimensionalidade do computador tanto em seu hardware material, potencialmente sensível (beleza), quanto em seu software e suas estruturas inerentemente lógicas (função, acima de tudo, de evitar o perigo). O paralelismo entre Antiguidade e presente ilumina como, no uso da técnica eletrônica, até agora temos nos concentrado apenas no polo da matemática e da lógica, ou seja, na otimização de nossa relação racionalmente centrada com o entorno material. De fato, os computadores melhoraram de forma exponencial nossa capacidade de prever o tempo e de nos protegermos contra desastres climáticos. Mas, assim como Zeus era "a imensa glória celestial" além de ser relâmpago, os dispositivos eletrônicos têm o potencial de mudar também nossa relação sensorial com o entorno material. Pois, se a antiga glória celestial não só tornou o mundo belo, mas, ao mesmo tempo, o abriu para o movimento no espaço, então as novas imagens computadorizadas do mundo material que habitamos, que foram tiradas do espaço, podem não só melhorar nossa orientação nele, mas simultaneamente viabilizar uma nova relação de nossos corpos e nossa imaginação com ele.

O cerne da herança intelectual de Kittler está em sua abordagem de pensamento, que é vital para nossa existência. Graças a uma produtiva avaliação histórica equivocada, elevou-se a capacidade de imaginação literária como uma dimensão de seu trabalho – ganho potencial de nosso futuro eletrônico. Seus últimos escritos despertam nossa atenção para a oportunidade e para a urgência de complementar o ganho de complexidade em nossa disposição do mundo tornado possível por computadores com uma nova relação sensível com a técnica e com a imagem de mundo que ela produz.

Peter Sloterdijk (1947-): A escrita como acontecimento de pensamento

O surgimento da *Crítica da razão cínica* de Peter Sloterdijk, em 1983, foi um acontecimento. Não foi apenas o público intelectual que reagiu com confusão ou entusiasmo. Uma tal voz filosófica jamais havia sido ouvida antes. O momento também foi adequado. A disputa originalmente acirrada entre Jürgen Habermas e Niklas Luhmann como os protagonistas, por um lado, de uma Escola de Frankfurt "à esquerda" e, por outro, de uma suposta teoria "de direita" dos sistemas sociais, tinha se entrincheirado em uma fase de mínimas mudanças de posições. Nesta situação de posições consolidadas e elevado tédio, a fresca sonoridade de um autor até então desconhecido prometia novos impulsos. Até os dias de hoje, Peter Sloterdijk supera essa expectativa com um gestuário de pensamento que mantém em atenção tanto os seus seguidores quanto os oponentes declarados – sem deixar visível qualquer preocupação com tais efeitos.

A *Crítica da razão cínica* se alçou de modo a se tornar a publicação filosófica de maior sucesso desde o final da Segunda Guerra Mundial – mais de 150 mil exemplares foram vendidos

até hoje. A provocação do título, porém, com sua referência aos escritos críticos de Kant, não foi acompanhada por uma tese correspondentemente concisa que poderia ter conquistado ou dividido em uma polêmica o público educado. Sloterdijk não brilhou com um argumento construído linearmente, e sim com variações de pensamento que partiram de dois contextos históricos. Primeiro, do antigo cinismo grego enquanto contramovimento à filosofia em estabelecimento nas academias. E, segundo, de um confronto com o cinismo moderno, que teria resultado do fracasso não reconhecido do esforço iluminista de colocar a vida sob o controle da razão. Sloterdijk mostrou como esse cinismo moderno do fracasso poderia se converter em um "fundamento de uma boa desilusão", algo que ele sugeria a seus leitores.

No primeiro plano da ressonância massiva, contudo, se encontravam reações contrárias ao estilo de prosa de Sloterdijk. Ele foi celebrado como um "escritor filosófico do nível de Schopenhauer", mas também condenado como representante de um "idiotismo corrente" por conta da quebra de alguns tabus (falava-se das "animalidades" de "peidar, cagar, mijar e se masturbar"). Desde então, o autor, nascido em 1947, conseguiu expandir o segmento rapidamente conquistado do público em muitos países para um status único de destaque filosófico sem que, na condição de uma celebridade estabelecida, perdesse seu poder de desafio. Mais de vinte livros substanciais que apareceram sob seu nome tratando de uma vasta gama de tópicos, que vão desde as *Esferas* do cosmos até as rápidas mudanças na carreira das gerações mais jovens, têm sido, sem exceção, bem-sucedidos no mercado editorial.

Muitas dessas publicações provocaram discussões apaixonadas, às vezes até por conta de mal-entendidos por parte de seus leitores. Por exemplo, a noção, especialmente perturbadora na Alemanha, de que Sloterdijk exigia a produção biológica de um ser humano moralmente superior após a decodificação do genoma humano (*Regras para o parque humano*). Ou com a exigência de trazer a raiva sem ressentimento de volta aos debates políticos e intelectuais como uma dimensão retórica (*Ira e tempo*); por fim, com a questão da legitimidade das contribuições obrigatórias do Estado, que deveriam ser substituídas, parcial ou totalmente, por doações voluntárias (*A mão que doa e o lado que toma*). Surpreende ainda mais o fato de que Sloterdijk tenha feito crescer sua ressonância ao apresentar, ao longo de uma década, a série de televisão "Quarteto Filosófico", visto que ele não encaminhou, como é de costume, sua prática filosófica a partir de uma posição professoral. Pelo contrário: sua nomeação como reitor da Universidade de Artes e Design de Karlsruhe, em 2001, foi interpretada como consequência de sua viva presença no espaço público. É claro que os preconceitos cheios de frustração dos colegas acadêmicos não puderam ser evitados, embora os filósofos universitários de destaque – pensadores como Luhmann e Habermas – sempre tenham levado Sloterdijk a sério, no mínimo como um antagonista.

Mas de onde veio seu contínuo sucesso como escritor filosófico? A abordagem mais plausível para uma explicação foi delineada por Cai Werntgen, ex-aluno de Sloterdijk. Ele compreende a estrutura fundamental de seu pensamento mais precisamente da seguinte maneira: a posição de autorreferência no pensamento é uma amálgama de um componente "indiano" e um componente "californiano". Durante uma estadia em Poona, logo antes da publicação de *Crítica da razão cínica*, Sloterdijk, por um lado, passou a renunciar a uma posição circunscrita de si mesmo ou de sujeito, conforme os ensinamentos do nirvana. Por outro lado, adotou, da cibernética ocidental, aquela autorreferência móvel (também de máquinas complexas) na qual um eu não pode existir sem auto-observação e, portanto, sem autorrelativização. Esta convergência do eu vazio e do eu móvel resulta em uma agilidade de operações mentais que dificilmente poderá ser superada. Isso leva ao fato de que Sloterdijk não ocupa (ou não tem de "defender") qualquer posição filosófica determinada e com isso não pode (ou não quer) apresentar um cânone de autores preferidos, tampouco uma escola, de modo que acaba por não direcionar seus escritos para alvos "demonstráveis". E é justamente a partir dessa dinâmica que, desde cedo, surgiu um impulso que faz do pensamento uma prática da surpresa.

Outra consequência da fusão indiano-californiana é a agilidade de Sloterdijk, a qual o eleva para fora de sua posição, e uma mobilidade especial de tons e humores intelectuais. Em especial, porém, uma surpreendente e até mesmo aparentemente infinita erudição, apoiada por sempre atléticas façanhas de memória, alimenta o ágil aparato de seu pensamento e escrita. Assim, ele conduz o leitor por caminhos intelectuais labirínticos que são sempre intuitivos, sempre orientados para o afeto e nunca direcionados para um fim. Mas toda a agilidade de pensamento e profunda erudição de Sloterdijk teria de permanecer muda sem o estilo de sua linguagem, que considero a melhor prosa filosófica em língua alemã desde Nietzsche, justamente porque excede em muito a função de um meio para articular o pensamento. É sua prosa que faz dele um pensador não de descrição de mundo, mas de intervenção no mundo. Com isso, pode ser útil traçar uma referência dramatizante do conteúdo ao "último", ou ao "primeiro" momento: por exemplo, ao último momento em que ainda se pode evitar um domínio total do cinismo; ou ao nosso presente como o primeiro momento de liberdade absoluta das obrigações das religiões. A ressurreição do pensamento através da linguagem é condensada em pontos altos de aforismos sempre novos, por exemplo, quando Sloterdijk escreve, em seu livro *Den Himmel zum Sprechen bringen*, de "deuses como vaguezas que são determinadas pelo culto", ou de Platão como um "clássico antiautoritário com inclinações autoritárias". É certo que as condensações em prosa apenas raramente se tornam pontos de virada da reflexão. Elas ocorrem muito mais na casualidade de um ritmo de palavras e pensamentos que nos convida a uma carona intelectual sem ponto de chegada – e assim traz a tradição da tranquilidade filosófica para o presente, uma participação sem afobação e à distância do mundo.

Às vezes, porém, o ritmo sereno desemboca em momentos de descontinuidade, que com frequência ocorrem em seminários, palestras ou nas mais diversas contribuições de Sloterdijk para discussões mais radicais, precedidos por um pequeno riso de suas próprias formulações, um gesto de autoafeição. Nesse sentido, o êxtase em prosa na penúltima das quase mil páginas da *Crítica da razão cínica* permanece inesquecível para mim:

> Em macabros sons de medo, os subjetivismos de pânico desfilam pela mídia e falam do fim dos tempos. Não nos tornamos como Descartes nos concebia? – A *res cogitans* nos foguetes autoguiados? A coisa-para-si desprendida no meio de seus pares? Somos o eu-metal, o eu-bloco, o eu-plutônio – os aposentados-foguetes, os acionistas-canhões, os pensionistas-tanques, os cavaleiros apocalípticos da compulsão material.

E, de repente, o grosso livro passa do horizonte do tempo final para uma "luz de presença do espírito" que quebra "o feitiço da repetição". Tais pontos de descontinuidade, nos quais o fluxo da prosa e do pensamento se eleva à violência de momentos explosivos, constituem a microestrutura do pensamento do acontecimento de Peter Sloterdijk.

Sua acumulação impulsiona os acontecimentos em suas usualmente monumentais obras. Mas tais acontecimentos de pensamento não estão vinculados a seus livros. Lembro-me da banca de Andrea Capra, um doutorando italiano de Stanford, sobre seu tema da "fenomenologia do terror", que começou a passos de tartaruga – porque Sloterdijk, que era um dos examinadores, estava atrasado. Depois de uma meia hora, ele encontrou a sala, sentou-se desajeitadamente na mesa oval do seminário e perguntou, em língua inglesa, cujas palavras nunca lhe chegaram com facilidade: "You are mediterraneanizing horror?" ["Você está mediterraneando o horror?"]. Depois falou durante dez minutos sobre contos de Herman Melville sem ter uma pergunta em vista. Entretanto, o verbo inexistente derivado do Mediterrâneo ("mediterranear") que Peter inventou acabou por dar vida à discussão. Cada um de nós o interpretou em uma direção diferente: em referência pessoal ao candidato ao exame, como tese de uma relação especial entre o horror e os autores da literatura italiana, e também como um deslocamento da atmosfera californiana para a mediterrânea. Peter Sloterdijk age como um sereno meio de acontecimentos de pensamento – quer essa seja sua intenção ou não.

Judith Butler (1956-): Engajamento como performance do conceito

Outro dia, meu filho mais novo, que está terminando, algo tardiamente, um curso de Ciências da Comunicação na Arizona State University, me perguntou se a autora Judith Butler, a qual era leitura obrigatória para todas as suas provas, era a mesma pessoa "com quem temos corriqueiramente assistido aos jogos de beisebol dos San Francisco Giants nas últimas duas décadas". A resposta foi que sim, e isso prova que Butler se alçou àquele nível de rara celebridade em que vemos, com total espanto, conceitos de presença centrais ganharem corpo em pessoas que de fato encontramos ou, ao menos, poderíamos encontrar. No caso dela, trata-se do conceito de gênero. Sobretudo no meio universitário, tal status desencadeia inveja e comentários condescendentes. Mas protagonistas filosóficos do calibre de Hans-Georg Gadamer ou Richard Rorty tinham, desde muito cedo, imunizado o pensamento de Butler contra objeções acadêmicas (para não mencionar a honra que lhe foi conferida pelo papa Bento XVI quando este rejeitou, em um documento oficial do Vaticano, sua potencial influência). Como surgiu esse caso único de

uma professora que dá corpo às controvérsias do nosso tempo em uma figura pública carismática?

Judith Butler desenvolveu uma então nova concepção de "gênero" em dois livros do começo dos anos 1990 que levavam os belos títulos *Problemas de gênero* e *Corpos que importam*, uma concepção que foi absorvida com tanta intensidade que agora faz parte do senso comum de uma classe média cultural e politicamente ambiciosa. Com Butler, entendemos os gêneros como papéis que emergem nas relações sociais e que, em mudança constante, são transmitidos às próximas gerações; assumimos que existe uma multiplicidade aberta de gêneros que não está ligada à distinção biológica entre mulheres e homens; e não perdemos a oportunidade de expressar nossa simpatia tanto por narrativas individuais como também por dramas de transição entre tais gêneros (penso, por exemplo, nas performances de *drag queens*).

Em vista do verdadeiramente histórico sucesso de Butler, é fácil se esquecer, contudo, que suas primeiras publicações ainda tinham de desafiar de modo polêmico um feminismo que se concentrava na ideia de uma "essência" da mulher como sendo diferente da do homem, e que não raro se esforçava para descobrir ali uma vocação igualmente natural em todos os tipos de "profundidade". A intuição crucial de Butler estava em sua concepção de gênero como uma multiplicidade de formas de performance, na qual "performance" significa que os gêneros emergem como papéis somente por meio de sua atuação. Assim, trata-se de papéis encarnados e nunca inteiramente realizados que, como os dos atores no palco, vivem da ressonância e do contato com outras pessoas e seus respectivos papéis.

Competente em História da Filosofia, Butler construiu o arco argumentativo de seu próprio esboço teórico a partir de elementos das obras de Hegel ("dar corpo"), que ela havia estudado em Heidelberg e pesquisado como tema de sua tese de doutorado em Yale; John L. Austin ("papéis"); Michel Foucault ("resistência discursiva"); e Jacques Derrida ("abolição das distinções binárias"). Nunca faltaram críticas relativas aos detalhes de suas interpretações de tais autores, mas elas não prejudicaram a carreira acadêmica e o impacto público de Butler mais do que a abstração, por vezes extravagante, de seus textos – ela que, em 1998 (e não de forma totalmente injustificada) foi premiada por seus colegas de profissão com o primeiro lugar em um "concurso de má escrita". Não obstante, a renomada University of California, Berkeley a nomeou para uma cadeira antes dos 40 anos, e *Problemas de gênero* vendeu mais de 100 mil exemplares.

Entre os leitores de Butler, claramente se estabeleceu uma impressão de autenticidade e de força intelectual que encontra seu ímpeto na paixão de situações existenciais concretas. Um rabino de sua escola, em Cleveland, teria punido Judith, aos 14 anos, obrigando-a a tomar cursos de ética – ela não aceitava que ele a proibisse de inquirir sobre os motivos que levaram à exclusão da grande Baruch de Spinoza da sinagoga ou sobre a possibilidade de o nazismo ser advindo do idealismo alemão. Na mesma idade – ela nos contou em um jogo de beisebol – ela se deparou, pela primeira vez, com a noção, então comum, de "gênero" como sendo um problema, porque o professor de educação física a havia excluído do treino de futebol americano "por ser menina"; "teria sido muito diferente", acrescentou Judith, "se ele tivesse dito que meus músculos não estavam suficientemente desenvolvidos".

Pelo contrário, a obra filosófica de Butler transforma estímulos da vida contemporânea em impulsos de pensamento que se inflamam para além da linha de frente entre a academia e o debate político. Ela não está interessada na semidistância cautelosamente estável que é típica dos intelectuais públicos e nem na prevenção estrita de contradições argumentativas. Com as posições marcantes – e, não raro, com as nuances estridentes – de seus textos, Butler tem irritado não apenas os antagonistas nos debates acadêmicos de gênero. Por ela apoiar veementemente a iniciativa palestina *Boycott, Divestment and Sanctions* (BDS) contra o Estado de Israel, a concessão do Prêmio Adorno pela cidade de Frankfurt a Butler gerou protestos indignados do Conselho Central de Judeus Alemães. Em uma réplica de pouca expressão, ela contestou o direito do Estado de Israel de representar os interesses judeus como um todo. Nisso, ao contrário de suas reservas sobre distinções binárias, ela aderiu à clássica dicotomia entre "direita/esquerda", a fim de justificar sua simpatia pelo Hamas com base em sua identificação como uma organização de esquerda e, portanto, anti-imperialista. O dogmatismo político havia afastado o ceticismo filosófico.

Também no mundo acadêmico Butler entra, quase que ansiosamente, em terreno minado. Em 2018, na condição de presidente eleita da Associação Norte-Americana de Professores de Língua e Literatura, ela emitiu uma declaração incondicional de solidariedade para uma colega de Nova York que enfrentava acusações de assédio sexual por parte de um estudante. Quando as acusações foram juridicamente confirmadas, Butler arrancou de si mesma uma retratação oficial. Mais recentemente, ela adotou o uso do pronome pessoal indefinido ou plural "*they*" para sua própria pessoa, algo que tem avançado nas universidades norte-americanas nos últimos tempos. Trata-se de um gesto de simpatia com vários movimentos trans que cultivam este plural gramatical, enquanto é provável que a relação de Butler consigo mesma, como mulher lésbica, teria permanecido, mais plausivelmente, no singular – sem contar que, com esse gesto, não só ela impõe uma regra linguística complicada tanto a colegas como a estudantes, como também, de acordo com a jurisprudência norte-americana, usar o pronome feminino "ela" pode ser até interpretado como uma violação de sua personalidade.

O fato de Butler nunca perder a oportunidade de causar rebuliço – implacável contra si mesma e contra os outros – corresponde ao dinamismo e à seriedade de seu temperamento. Ela, enquanto protagonista de respeito, não apenas não permitiu ao público nenhum descanso como também nunca se contentou com o sucesso de seus últimos escritos filosóficos. Assim, em um panfleto crítico contra a autorretidão do "politicamente correto", ela assumiu, em 2005, com o tratado *Relatar a si mesmo*, o desenvolvimento de uma ética que parte da vulnerabilidade fundamental, inclusive corporal, do indivíduo e de sua intransparência para si mesmo, no lugar de confiar na opção intelectual e politicamente confortável de uma identificação com as minorias oprimidas. A tentativa de encontrar caminhos filosóficos para uma nova moralidade transforma até mesmo a luta com a linguagem de Butler em uma empreitada que vale a pena. Pois se, como ela pressupõe, as pessoas, no fim das contas, sempre permanecem intransparentes a si mesmas, então elas nunca serão ulteriormente responsáveis por seu próprio comportamento, e devem – mesmo antes de todos os deveres mútuos – esperar por perdão, bem como, em sua vulnerabilidade física fundamental, dependem de uma piedade recíproca. É aqui que principia uma ética fundada em condições elementares (não apenas intelectuais) da existência humana – em vez de uma crença habitual na prioridade de determinados valores.

Por fim, Butler também respondeu à crescente tendência de manifestações políticas ao ar livre com uma análise do deslocamento entre as esferas privada e pública na ocupação a longo prazo dos espaços urbanos: "[...] é somente quando aquelas necessidades – as quais, de outra forma, permanecem privadas – se tornam públicas da noite para o dia e atraem a atenção da mídia que os eventos de protesto ganham uma tenacidade que o Estado não pode mais ignorar". A partir dessa observação cresce a ousada – mas, para mim, bastante plausível – tese de que toda manifestação implicitamente "exige o mais elementar dos direitos, a saber, o direito de ter direitos".

É improvável, mas não de todo inconcebível, que os escritos filosóficos recentes de Judith Butler alcancem um impacto público que se aproxime da influência dos desdobramentos de sua interpretação do conceito de gênero. Improvável, porque aquela se deu como um verdadeiro "sucesso do século"; não inconcebível, porém, porque cada movimento de pensamento de Butler inspira até hoje reações igualmente poderosas de aprovação e desaprovação, e não apenas no público norte-americano. A questão de gênero parece, no momento, ter se recolhido à periferia de seu pensamento – talvez porque tenha levado a uma realidade privada feliz em seu casamento com a cientista política Wendy Brown e, para além dos debates acadêmicos, a um sólido consenso entre a classe média educada. Contudo, acontecimentos futuros e situações políticas levarão a filosofia de Judith Butler sempre adiante sem ponto final possível.

É essa produtiva inquietação de pensamento de sua mãe que devia estar na mente de seu filho Isaac, líder de uma banda e autodeclarado como "heterossexual *mainstream*", quando, em uma entrevista, respondeu à pergunta sobre suas lembranças de ter crescido com duas mães lésbicas: "Jamais foi um problema ter duas mães, mas viver com duas professoras, isso sim era cansativo".

Créditos das imagens

Martin Heidegger, p.20. Foto: Willy Pragher (CC)
Claude Lévi-Strauss, p.28. Foto: Store Norske Leksikon
Reinhart Koselleck, p.36. Foto: IMAGO / teutopress
René Girard, p.44. Foto: Wikimedia Commons
Jean-François Lyotard, p.52. Foto: Store Norske Leksikon
Michel Foucault, p.60. Foto: Wikimedia Commons
Niklas Luhmann, p.68. Foto: Sueddeutsche Zeitung Photo / Alamy Stock Photo
George Steiner, p.76. Foto: TheNexusInstitute (CC)
Jürgen Habermas, p.84. Foto: Wolfram Huke (CC)
Jacques Derrida, p.92. Foto: Sueddeutsche Zeitung Photo / Alamy Stock Photo
Richard Rorty, p.100. Foto: Wikimedia Commons
Hans-Georg Gadamer, p.100. Foto: Leena Ruuskanen (CC)
Karl Heinz Bohrer, p.108. Foto: horst friedrichs / Alamy Stock Photo
Friedrich Kittler, p.116. Foto: Ariadne Filme (CC)
Peter Sloterdijk, p.124. Foto: Fronteiras do Pensamento / Luiz Munhoz (CC)
Judith Butler, p.132. Foto: Store Norske Leksikon

SOBRE O LIVRO

Formato: 13,7 x 21 cm
Mancha: 23,5 x 39 paicas
Tipologia: Venetian 301 BT 12,5/16
Papel: Off-white 80 g/m² (miolo)
Cartão Supremo 250 g/m² (capa)

1ª *edição Editora Unesp*: 2022

EQUIPE DE REALIZAÇÃO

Edição de texto
Taís Bravo (Copidesque)
Marina Silva Ruivo (Revisão)

Capa
Marcelo Girard

Editoração eletrônica
Sergio Gzeschnik

Assistência editorial
Alberto Bononi
Gabriel Joppert

Rua Xavier Curado, 388 • Ipiranga - SP • 04210 100
Tel.: (11) 2063 7000 • Fax: (11) 2061 8709
rettec@rettec.com.br • www.rettec.com.br